每个妈妈都是
创意家

彭虹 ◎ 著

机械工业出版社
CHINA MACHINE PRESS

全书从"艺术培养""母女关系""哲学思维""旅行与性格""职业培养"等方面,展示了作者在20多年养育女儿的过程中,极富创意的家教方法、理念以及妈妈作为创意策划人的角色定位。而创意策划的一个基本条件就是取之不尽的创意灵感:用心的爱。

作者和女儿在一种朋友式的母女关系中,完成爱、写书、游戏、艺术之旅等成长历程。

图书在版编目(CIP)数据

每个妈妈都是创意家 / 彭虹著. — 北京:机械工业出版社,2018.9
ISBN 978-7-111-63645-8

Ⅰ.①每… Ⅱ.①彭… Ⅲ.①家庭教育 Ⅳ.①G78

中国版本图书馆CIP数据核字(2019)第192526号

机械工业出版社(北京市百万庄大街22号 邮政编码100037)
策划编辑:姚越华　责任编辑:姚越华　仇俊霞　李书全
责任校对:黄兴华　封面设计:吕凤英
责任印制:张　博
三河市宏达印刷有限公司印刷

2020年1月第1版·第1次印刷
145mm×210mm·9印张·1插页·180千字
标准书号:ISBN 978-7-111-63645-8
定价:49.80元

电话服务　　　　　　　　网络服务
客服电话:010-88361066　机 工 官 网:www.cmpbook.com
　　　　　010-88379833　机 工 官 博:weibo.com/cmp1952
　　　　　010-68326294　金　书　网:www.golden-book.com
封底无防伪标均为盗版　机工教育服务网:www.cmpedu.com

倘若问你：最崇拜的人是谁？
想必很多人都会说是自己的妈妈。
我也会如此坚决地回答。

我对 Rainbow 的崇拜
不只来自她的古灵精怪、有想法、有担当，
也不只源自她对我一贯的保护与呵护，
最重要的是，无论我在人生这条路上
做出怎样（愚蠢）的抉择，
她始终跟我一起并肩战斗。

不是每一位设计师都能掌握失控的状态。
我崇拜 Rainbow 是因为
她作为我人生这幅画作的资深设计师之一，
敢于提笔在纸上点墨作画，
也完全尊重笔墨自然晕开的方向。

在我看来，
这便是一位伟大的艺术家，
一位难得的好妈妈。

——女儿 Carol

PREFACE

自序

创意教育改变孩子一生

"妈妈",是这世界上最美丽的称呼。

我有幸做了一个女孩儿 26 年还差 27 天的妈妈。我自认为在我这个"单亲妈妈"的称呼中,"爸爸"这个角色始终隐藏在其中,和"妈妈"这个角色相辅相成,因此才会有一个如此独立、笃定、

Rainbow 手绘作品 · 开怀大笑

理性，而又不失柔情、自在、舒服的漂亮女孩儿。

我是幸福的！这个叫 Carol 的女孩儿是上帝给我的最好礼物！

自打她出生后，我就常常被冠以"狠心后妈"之名。

她小时候摔倒时，我从没扶过她，她永远是自己爬起来，即使是冬天也穿着最少的衣服。

从小学一年级开始，她就学会自己过马路上学、放学，以至于老师知道后，打电话给我，一定要我去接才"放行"。

即使少有的几次送她去学校，居然发现我是唯一一个手里什么东西也不拿的家长，其他家长要么替孩子背着书包，要么帮他们拿着东西。

此外，她也是整个年级，也许是全校当中唯一一个没有请过家教的学生，老师没少跟我提及此事，但都被我"婉拒"了。

但是，相对于"狠心"这两个字来讲，我又是一个极其"高调"的妈妈。

Rainbow 手绘作品·
那个叫 Carol 的女孩儿

我会因为她哪怕只有一点点成绩就毫不吝啬地鼓励与赞美，甚至鼓掌喝彩。

我曾经为她的普通作文及其诸多作品"出版"过一本书《多多的夏天》（多多为女儿小名），也为她的12岁生日"发行"过一张独唱CD，尽管那本书和那张CD只有200本印数和200张左右的"发行量"；我甚至和她一起办了一份报纸，取名为《嘴巴广播报》，她是该报主编与记者，我是创始人，尽管这份报纸只办了20多期就"夭折"了。

同样，我会因为她写了一篇被老师在大庭广众之下评价为"文笔差劲、思路混乱"的作文，而郑重地写信给老师，告诉她："当一个孩子思维的成熟超出其文笔的成熟时，或许会出现看似'混乱'的写作状态，文笔是可以练出来的，但思维的超前并不是人人可以练就的。"

我还是一个几乎完全不计较孩子分数的妈妈，我在乎的是那些被扣除的分数究竟错在哪里，而且，我更强调的是她所有的学习成绩百分百是她自己学习的结果，所以她知道该如何承担，哪怕在及格的分数之下，她都愿意诚实坦然地告诉我，然后再告诉我为什么，错在哪里。

我曾经有过一段时期恨过这个女孩儿的爸爸，但我却用了全部的心力让自己卸掉了恨的盔甲，把他视为自己生活中一个既"普通"又不"普通"的朋友和家人。因为只有这样，女孩儿才能学会去尊重她的亲生父亲，继而尊重她现在的男朋友、尊重她未来的先生和她将来孩子的爸爸,学会该如何跟他们相处。

未来,我还有可能会和自己所爱的那个人,和他一起把日子过好,但我仍然是这个女孩儿最好的朋友、姐妹和妈妈,未来的那个他,我希望同样也会成为她最好的朋友、兄弟或父亲(如果双方都愿意的话)!

嘿,那个叫 Carol 的漂亮妞儿,如果你需要我,现在,马上,我就会来到你的身边,爱的召唤随时随地。

未来,我想继续做你最好的朋友、姐妹和妈妈,你愿意吗?

——Rainbow 写在女儿 Carol 26 岁生日前

Rainbow 手绘作品

目录

自序 创意教育改变孩子一生

第1章 点亮孩子创意的那盏灯：
每位妈妈都是天生的创意策划人

每位妈妈都是天生的创意策划人，这句话听上去可能略有些夸张，但至少我是这么认为的。

女儿7岁时，我为她出了一本记载她成长的书《多多的夏天》；

女儿8岁时，我和她共同创办了一份《嘴巴广播报》；

女儿12岁那年，我为她出了一张CD《飞越梦想》；

就这样慢慢让一个在学校害怕甚至讨厌写作的女儿爱

上写作、爱上创意。我乐此不疲地用爱激发着我的养育灵感，带给女儿独特的生命体验。因为我知道，唯有独一无二的经历，才能成就独一无二的人生。

我为女儿出了一本书 / 003
《嘴巴广播报》——从"报纸主编"到"新闻主播" / 021
12岁的生日礼物——CD《飞越梦想》 / 029
这就是生活 / 037

第2章 艺术培养：打破学习界限，将整个世界作为孩子的课堂

这里是我与女儿之间关于音乐、钢琴、美术和电影的故事。

现在几乎所有的家庭都非常重视孩子音乐、美术等艺术素养的培养，也有很多的培训班，可以帮助孩子在短时间内考取一定的等级证书。而作为一名上海音乐学院的毕业生，我深知让孩子学习艺术并不仅仅是获取技能，而是能用更丰富的方式自由地表达情感与自我。

音乐是为了能更自由地表达情感与自我 / 049
和孩子一起建立、分享属于你们共同的一份歌单 / 054
曾经看过的电影就像是一个浓缩了的人生课堂 / 060

家庭朗读比赛——录制爱的故事 / 064
让我们一起热爱古典音乐吧 / 066
Rainbow 和 Carol 的绘本世界 / 102

第 3 章 新型母女关系：
你是否更愿意跟孩子成为朋友

和孩子成为朋友，拥有良好的亲子沟通，是很多家长期望达到的目标。因为只有这样，在孩子遇到问题的时候，我们才能及时施以援手。二十多年来，我一步一步地在践行我的这个愿望，并与女儿形成了朋友式的母女关系。我的秘诀在于信任她，给她一个自由的空间。

你会不会和孩子谈论男人和性 / 113
铃铛让我们无论在哪里都能听见彼此 / 120
朋友圈里的微画展 / 124
我"遗传"了女儿 Carol 的"画画基因" / 125
给女儿一串独立的钥匙圈 / 128

第 4 章　为孩子打开一扇思维天窗：
你会和孩子讨论哲学问题吗

思维方式决定了人与人之间的根本差别。从小就与孩子探讨哲学问题，则是打开孩子思维之窗，对其思维进行科学引导、塑造的方便又有效的方法。

从女儿很小的时候起，我便会跟她用一种朋友式的方式进行交谈，谈论的话题关乎于爱、勇气、责任等。除了每晚固定的一个谈心时间，家书也是一种交流形式。不仅加深了我们之间的情感，也使得她对于社会与生活中的事物有了更深刻的洞察与思考。

被遗忘的家书 / 138
12 年前的文集《我》/ 158

第 5 章　运动、动物、旅行与性格：
让孩子勇敢飞翔，不惧挑战

"勇"是儒家经典《中庸》中所提倡的三个修身的"达德"之一。勇敢、喜欢冒险、不惧挑战，也是当下育儿应当重点培养的品质。

我主要通过运动、动物、旅行等方面讲述如何培养孩子勇敢、喜欢冒险与挑战的性格,并让运动成为孩子勇敢的终身基因来源。

让运动成为孩子勇敢、挑战、冒险的终身基因来源 / 171
海外游学,帮助孩子找到成长与独立的密码 / 181
怕动物的妈妈和爱动物的女儿 / 192
两个女人独闯非洲肯尼亚 / 214
和重要的人过几天深居简出的生活 / 233
只希望你的世界永远如此宁静、纯粹 / 236

第6章 职业培养:26岁,却已拥有一份长达13年的职场履历

Carol 从十几岁起就开始独立工作了,对她而言,从 2011 年到 2016 年这 6 年,5 月和 6 月是她特别兴奋的两个月份。每到这个时候,她就会独自背起行囊,去一个熟悉或陌生的国家边工作边旅行,这似乎成了她的一种习惯,或者说是一种新的生活方式。这为以后女儿拥有成功的职场生活,拿下优质工作机会等,奠定了深厚的基础。

年龄最小的海外学生夏令营及国际社区志愿者 / 243
在国际学校独立上课的高中生 / 246

17岁的生日派对联合创始人 / 250
年龄最小的实习生 / 253
每年两次背上行囊,边工作边旅行 / 255
所有的创意教育都是为了她未来的自我绽放 / 263

后记 **破茧成蝶** / 266

第1章

点亮孩子创意的那盏灯：

每位妈妈都是天生的

创意策划人

2017年母亲节前夕,当Carol告诉我要去露营时,我着实被惊到了。

我问:"我需要带些什么吗?"她和小塔(Carol的男友)几乎在电话中同时说道:"带上你自己就好!"

虽说这是我和Carol第三次去崇明东平森林公园露营,但却是Carol第一次"带"我去露营!也是小塔第一次与我们同行!

那天的崇明骄阳似火。Carol和小塔两个人冒着酷暑默契地搭建露营帐篷,一抹安静的蓝色(帐篷)在绿色(草地)中,找到了它的"归属之地"。

从下午到晚上,从啤酒到红酒,我喝了这几年来最多的酒,也说了最多的话!酒,让我在Carol和小塔面前,吐露真言、毫无保留。

听完了露天音乐节的喧哗,跳完了篝火前的最后那支舞曲,终于,回到了安静的帐篷。在无拘无束的聊天中,我们更加地了解彼此。

夜已深,打开手机,在寂静的黑夜中,我写下了这句话:

"母亲节,快乐!夜色真美,晚安月亮!"

一个在帐篷里度过的母亲节！感谢 Carol 送我的惊喜礼物！就应该这样拥抱大自然！

我为女儿出了一本书

女儿 7 岁时，我曾正儿八经地给她出过一本书——《多多的夏天》。"多多"是女儿的小名，意为更多爱、更多欢乐以及更多希望。书中收录了她 7 岁前所写的一些短文习作，包括绘画与手工作品、照片及过往为她建立的成长档案等内容。当时这本书一共印了 200 多本，分别送给了众多亲朋好友。

一晃 19 年过去了，再次翻看《多多的夏天》，从这些零碎的文字中，寻觅到了如今在女儿身上依然保留着的诸多童年的影子。于是便用手机将这些记录了她童年时光的每个瞬间翻拍下来，以作纪念！

《多多的夏天》封面

1. 我们永远是好朋友,永远!

和孩子成为一对好朋友,是在你出生之前我就这样想的。现在,当你长成一个活泼、可爱、好动的7岁女孩时,我又不时地在想:我应该为这位朋友做些什么?

"给你出一本书"只是瞬间的一个灵感,但这个灵感一闪即挥之不去。整整两个月,《多多的夏天》这本书终于出版了。

平日里,我们给予你的时间总是太少、太少,我们颇感内疚。但内疚的另一半却是极大的满足,因为我们给予你的生活体验并不少:溜冰、游泳、看电影、旅游、参观博物馆、泡录音棚。当然也包括和爸爸妈妈一起"挨饿、受冻"。我们觉得,这些体验将是你人生的第一笔财富!

在你众多的娃娃中,你说最喜欢穿着白色结婚礼服,名叫珍妮的娃娃,因为在你的记忆中,白色是最纯美的。而你最大的心愿就是穿上白色的舞裙,踮起脚尖、昂着头优雅地把自己跳成四小天鹅中的一个。你也同样知道为了实现这个愿望必须付出许多。你瞪大

《多多的夏天》内页

眼睛,像大人一样说:"不怕!我想学芭蕾。"

但是,生活并不是简单的白色,不是简单地挺起胸说"不怕"就可以应对的,女儿。记得刚开始学溜冰,你独自扶着栏杆,艰难地挪着步子。尽管你时时抬起头,用一种求助的目光望着我,却始终没有停止自己的脚步,一直朝着溜冰场的中央"走去"。当时,我哭了,为自己的软弱,也为自己的坚强,更为了你的勇敢。

此后,我时常有一种冲动,想知道你当时是怎么想的,我多么希望有一天,你会写出你第一次溜冰的细致感受。

你从小和外公生活,将近五年。外公的病逝一定给你幼小的心灵蒙上了一层阴影。

你当时天真地问我:"外公在天堂里过得快乐不快乐?"我真不知道如何回答。但我感受到你幼小的心灵已开始触摸到一些人生的体验,并开始对人、对社会有了一些模糊的认识。

或许你早已明白这个问题没有答案,因为你已经相信有关圣诞老人的故事仅仅是一个梦境和动画片,所以你只能无奈地写下了简单、纯朴的一句话:我的心里还想着他(外公)。

去乡下奶奶家过暑假,是叔叔提议的,妈妈答应得有些勉强,可你却硬是说服了我们。

你走的那个晚上,我们总是在想你。当电话的那一头传来你带哭腔的声音:"妈妈快来接我,我想你!"我真希望宁海到上海只有五分钟甚至五秒钟的路程。

以后几天我们尽量不去想你,因为我们觉得,这不仅是对你,也是对我们的一次心理考验,小鸟总要高飞!

一个星期后,我们开车去宁海,还没有进家门就听到了你欢快的笑声。看着你欣喜的神情,爸爸妈妈有种预感,这个夏天会在你的心中留下一个深刻的痕迹。

果然不出所料,第二天你写下的《我在宁海过暑假》,文章短小、笔调轻松,让我们看到了另外的一个你:沾着一把泥土,既朴实又纯美。

你说你最喜欢冲浪,因为"它好刺激",这句话始终留在妈妈耳边。面对巨浪扑面而来时,你所表现出的一份欣喜和大胆,使得原本胆小柔弱的妈妈都感受到一种从未有过的力量和真正的快乐。因为你快乐,所以我快乐。

还记得上次在"热带风暴"漂流,突然下起了大雨。我们既没有上岸,也没有躲雨,而是拼命地在大雨中"狂呼乱叫""勇往直前"。这场大雨让我们彻底抛开平日里做爸爸妈妈的拘谨,缩短了我们和你之间的年龄差距。在雨中,我们都成了不折不扣的"大小孩",好放松!

那一次,我们真正感受到:和你在一起,这个家有多好啊!

读你——读你的过去、读你的现在、读你的未来……妈妈总也读不够。

有一次,你曾自信地告诉我:"我想自己拍电影。"

还有一次,你一脸疑惑地问我,为什么要起"林忆菁"这个名字。你说你不太喜欢,将来"我想给自己改名字"。

对于将来,你的想法既简单又美好:想当警察,若当不了警察,就做芭蕾舞老师。

女儿,你可知道,对于你的将来,妈妈曾经做过许许多多的梦,现在还在继续做。

但无论将来如何,只要你幸福,这就是做妈妈的唯一的心愿!

你有许多缺点:任性、顽皮,做事没有常性,学习不踏实,有时只想着自己,不知道帮助别人。但你终究是你自己,没有这些,也就显得平淡乏味;有了这些,才让你更真实、更有味!

有句古话:冬天不要砍树。它告诉我们,虽然冬天的树是干枯的,但千万不要将它砍掉,因为当春天来临的时候,它将会重新长成一棵大树。

翻开《多多的夏天》,虽然每篇短文读来尚显稚嫩,甚至有很多缺陷,笔触间还无法表达出你真正的内心世界,但这毕竟是你写作的第一步。

女儿,我愿你以后的生活,就像一本不同寻常的书,读来永远不会枯燥乏味。

"我们永远是好朋友,永远!"这是我和你说得最多的一句话。

我想,这本书就权当送给我永远的朋友——多多的一份礼物!

真心希望你能喜欢这本书,并让我永远成为你一个最最真诚的大朋友。

同时,也将这本书送给所有关心你成长的大朋友和小朋友!

但愿一切都"美梦成真"!你说的。

2. 如何让孩子成为一个创意写作者

下面这几篇短文是 Carol 于 19 年前写的,那年她 7 岁。我把它们一并收入在《多多的夏天》这本书中。

19 年前的 Carol 是个极不喜欢,甚至讨厌学校作文课的孩子;19 年后,Carol 所从事的媒体工作与写作有着极大的关联性。

我猜想,如果现在她有时间重读这些文字的话,一定会觉得非常好玩,甚至可笑。但正是这些好玩、可笑的"尝试",一步一步形成并奠定了她如今创意的个性追求。所以,我更愿意将她定位在一个创意媒体人的位置上。

那么,现在就让我们来看看她,一个创意媒体人,19 年前究竟写了些什么好玩、可笑的内容,这些内容又是如何牵引她慢慢拥有了一个有创意的头脑。

作品一　《我的外公》

作者:Carol

我的外公很胖,爱吃冰淇淋。他吃冰淇淋一口两口就吃掉了。他还喜欢听音乐,我和我妈妈,一家都喜欢听音乐。

小时候,外公常常带我到襄阳公园去玩,他还喜欢和朱爷爷到公园去散步。夏天了,外公还给我买冰淇淋吃。

可是,现在他已经到天堂上去了,但我的心里还想着他。

写自己的家人是孩子写作当中最不可或缺,也是最难能可贵的一个主题,这将有助于他慢慢形成与培养自己对家人情感的自然流露和真实表达。

作品二 《我在宁海过暑假》

作者：Carol

上火车

今天我和叔叔一起到宁海去。我们坐在火车上看到了农民在种田，还有羊和牛的画面，我觉得很快乐。

十四岁的小姑姑

我在宁海有个十四岁的小姑姑，才比我大七岁！你们说怪不怪！

我在小姑姑家和她一起玩小动物。我睡在小姑姑家，不想爸爸妈妈了。

玩小螃蟹

我和小妹妹一起玩小螃蟹，我看见小螃蟹有八只脚。我还碰它呢！你们不为我骄傲吗？

许愿

在宁海，我们到连头山许愿。我许了好多好多愿。可现在我只记得一个愿，那就是：祝愿已故的太婆婆和爷爷在天堂上永远快乐！

如果有机会，最好让孩子在乡村生活一段时间，与自然亲密接触，与淳朴打交道，呼吸清新的乡土气息。这是孩子成长过程中必需的养料。

作品三 《多多在想》

作者：Carol

妈妈，你在生我之前，爸爸有没有照顾你？

妈妈，你相信我长大后会长高吗？

为什么有这么多人不遵守交通规则，在人行道上骑自行车？而走在人行道上的人还要让他们？

我想给自己改名字。

我想拍电影。

我喜欢红木家具。红木家具是红色的，怪不得妈妈喜欢红色。

妈妈，如果我是你的妈妈，我会觉得你可爱吗？

当孩子提出一些稀奇古怪、幼稚，甚至你认为可能毫无价值的问题或想法时，请重视并记录下来，因为这是他转瞬即逝，却不可多得的思维火花。

作品四 《小实验报告》

作者：Carol、Rainbow

（1）

实验创意操作、口述：林忆菁；笔录：妈妈

实验课题：在纸上有水及无水的情况下，写出的字有什么不同？

实验用品：纸、铅笔、海绵、水、吸干器等。

实验步骤：（略）

实验结论：在纸上无水的情况下，写出的字较深；在纸上有水的情况下，写出的字较浅。

（2）

实验创意操作、口述：林忆菁；笔录：妈妈

实验课题：海绵浸入水中与未浸入水中，颜色有什么变化？

实验用品：咖啡色海绵、水、吸干器、盘子等。

实验步骤：（略）

实验结论：原来没有浸水的海绵，颜色是咖啡色的；把海绵浸入水中，然后取出发现，海绵的颜色是黑色的；再用吸干器把海绵的水吸干，海绵的颜色又变成了咖啡色。

（3）

实验创意操作、口述：林忆菁；笔录：妈妈

实验课题：海绵浸水后，比以前的软还是比以前的硬？

实验用品：海绵、水、揩布等。

实验步骤：（略）

实验结论：海绵浸水后比未浸水的软。

麻烦和混乱可能是每位妈妈生活中常会遇到的最大挑战之一。

当你回家看到孩子在翻箱倒柜、四处摊东西时，当你碰巧撞到孩子将家里的油盐酱醋混在一起，厨房变得混乱不堪时，千万别发火，千万别阻止，因为他正在一条将不可能变成可能的路上探索前

点亮孩子创意的那盏灯：每位妈妈都是天生的创意策划人

行,你要做的就是为他鼓掌喝彩,然后和他一起将混乱状态恢复原样即可。

作品五 《农民的画》

作者:Rainbow / 插画: Carol、Eric

盛夏,多多的老朋友Eric叔叔从香港飞来上海。在录音棚里,除了打闹玩耍之外,多多最开心的就是和Eric叔叔一起合作画画。他们合作的作品有:脸谱、花草树木、人物、动物,还有运输工具等。

这幅画是多多和Eric叔叔最满意的作品,多多将这幅画起名为"农民的画",而Eric叔叔则把它称为"木头屋子"。

《多多的夏天》内页

写作也好,绘画也好,它不仅仅是其本身,也是一种"社交礼仪"。

应鼓励孩子多参与聚会,尤其是成人的社交聚会,其中交谈和倾听本身就是写作中最为重要的一个环节,也是一门独到的艺术。它意味着礼貌、接纳、观察、敏感、思考与质疑的习惯养成,包括对周围人的故事产生兴趣,并成为一个善谈、引人注意的人。

在童年时期,很多看似没有关联性地介入或参与某件事情,往往会给孩子无意中埋下一粒种子,你不知道它将会在哪里,或什么时候发芽。

就像22年前Carol参与的一次电台录播节目,22年后她自己拥有了一档电视周播专栏,而这也正是我觉得最可爱、最让人心动的一点:不可预见性。

大多数孩子不喜欢写作,其原因主要有两点:

第一,现如今大多数孩子每天的生活基本上就是三点一线:上学、回家、额外补课。单调、沉重、没有乐趣的生活,致使孩子没有素材可写,尤其是没有有趣的素材可写。

第二,对于低幼年龄段的孩子而言,仅限于文字表达的写作方式过于单一,往往引发不了他们的写作兴趣,或者说缺少一种写作的内在驱动力。

如何让孩子热爱写作,并成为一个创意写作者,Rainbow有些建议及方法与你分享:

父母要尽可能地为孩子创设更多丰富有趣的日常生活,并想方设法让他们接触更多、更广的写作手段与方式,以激发他们的表达欲望。总之,尽可能地让他们在一个天马行空、自由随性的空间内进行创作。

第一,将麦克风当作礼物送给孩子,将他们喜欢讲的故事,或平时喜欢读的课文、儿歌录下来,然后播放给他们听。

当听到自己的声音通过电波被播放出来时,孩子会有种新奇的感觉，而这种新奇往往会更加激发他们想要表达的欲望。

口头表达是文字表达的基石。

第二，设计一些简单明了的表格，分门别类地让孩子填写，比如自己父母及朋友的爱好、喜欢的颜色、食物、电影等，然后根据填写内容用口头表达的方式将它们串联起来，"说"成一篇短文。

这样做的好处在于降低写作难度，帮助孩子克服对写作的畏惧，让他们觉得表达其实非但没有那么难，反而那么有趣。

第三，创设一种睡前阅读仪式，就像吃饭、睡觉一样将它固定下来，让孩子自然养成一种阅读和朗读的习惯。

阅读帮助孩子扩大词汇量；朗读则有助于聆听与掌握语言节奏；快乐、信任并充满爱意的阅读氛围比阅读技巧本身更为重要。

第四，帮助孩子建立一种特定身份的认同感。

要让孩子认为自己是个作家，或者是个发明家、旅行家、画家、诗人……这种身份认同感的确定与强化，会在潜意识中激发孩子主动参与并爱上任何形式的创作过程。

同样，儿童游戏的设计与拓展也将有助于孩子建立多重角色感，帮助他们想象并创造故事情节及其人物。

第五，有效应用不同学科的内容，比如数学、科学、地理、历史、艺术等，巧妙地将它们融合在一起。

它的好处在于不仅加强了这些学科知识在孩子生活中的实际运用，同时提高了他们对于这些内容的综合应用能力。

第六，鼓励孩子适时地为实用目的而写作。

为刚看过的一部电影写条广告语。

为家庭旅行计划写个简单的路线图或计划表。

为出差在外的爸爸或妈妈"正式"地写封信。所谓正式是指在信纸上写,同时装好信封、贴上漂亮的邮票,投入邮局信箱等一系列带有仪式感的真实步骤。

为周末家庭聚餐或生日聚会写个购物清单或邀请函。

为自己养的宠物或植物写一份较为详尽的研究报告。

为自己的某种情绪或某个瞬间写一首小诗。

为一道简单的番茄炒蛋或水果沙拉撰写并画出一个操作步骤等。

第七,在孩子的写作过程中,不要急于修正他的表达错误,因为对孩子来讲,表达的欲望要比表达的精准性更为重要。

一定要极其小心地保护他们在这个过程中的那份好奇心、那种探索精神,以及无限的想象与创造空间。

如果你现在是一位低幼年龄段孩子的妈妈,请多多观察你的孩子,因性别、年龄、个性所导致的差异化,其创意的维度、广度包括深度均会有所不同。

相信自己就是个创意家,因为你爱他,爱是所有灵感之源,而且是无限的、不会枯竭的!

3. 父亲这个角色

弗洛伊德曾说:"在孩提时期,我不能想象还有什么需要比父亲的保护更强烈！"在孩子的成长过程中，父亲的作用不可或缺，这可能是作为母亲无法完全给予孩子的那个重要部分。

在《多多的夏天》这本书中，共收录了三篇与她父亲相关的文章。一篇是 Carol 自己写的；另外两篇是她父亲写给幼儿园及其老师的感谢信，以及我写的有关他们父女之间的点点滴滴。在这篇题为《我的好爸爸》的作文中，从头至尾都充满了 7 岁的 Carol 对自己父亲的崇拜。

作品六　《我的好爸爸》

作者：Carol

我有一位好爸爸，他戴着一副眼镜。

爸爸的字写得可好啦。他会开车，会游泳，还会弹琴。

我心想："爸爸是从音乐学院毕业的，怪不得他会弹琴。我长大了也要到音乐学院去读书。"

若干年后，已上初中的 Carol 曾写过另外一篇有关于她父亲的作文《真实的董事长》。从题目便知她对父亲的那种崇拜依旧未减。

"从前，我爸在我心中是个创造天地的人。而渐渐地长大，让我明白了能创造自己的一片天地，真的很难……近来，他离开了学校。平日一向不希望他来学校的我，突然感觉没有他在，好像心中总有一丝恐惧。我明白他失去某样东西的失落，不过，他是谁？是我爸，是开创天地的人，是个坚强的人。"（摘自 Carol《真实的

董事长》）

众所周知，大多数的中国父亲都不太善于用口头语言来直接表露自己对孩子的爱与情感，Carol的父亲也不例外，他就属于这样一位典型的、表达比较含蓄的中国式父亲。

在Carol的童年期，因工作过于繁忙，她父亲与她在生活中的交集并不多，只有周末在家共进早晚餐或一同去外面旅行，但父女之间无须更多语言交流，那份亲情便会自然而然流露出来。下面是我对于这份父女情曾经的记述。

妈妈总是喜欢不时地拿出"多多相册"给爸爸看："这是送给多多的无价之宝。"

妈妈这样解释着这些杰作，"等多多长大后，读大学、结婚、有孩子或旅行在外，看着这些相册，一定会很想念这个家的……"

"这不公平，'多多相册'全是多多和妈妈的点点滴滴，而多多和爸爸却只有只言片语。要知道，一部好的片子，光导演棒，而摄影次，准砸！难道这些照片不是爸爸和多多之间所达成的默契吗？这不正是爸爸送给多多的最珍贵的礼物吗！"

爸爸的这番话震了妈妈一下。是啊，虽然多多和爸爸待在一起的时间不多，可多多见了爸爸却毫不含糊，绝不会生出"认生"的岔子，倒和爸爸出奇地热乎，这难道仅仅是因为血缘？

7月，外面热得像蒸笼，妈妈在医院里遭罪，可爸爸也不轻松，天天来探视。这还不算，最绝的要数多多被抱出来喂奶的第一天，爸爸也不知打哪儿、怎么溜进病房，偷偷摄下了多多第一次吃奶的照片。

为了能细细地看看多多,爸爸总是"死皮赖脸"地等到探视时间的最后一刻,只是为了能赶上婴儿车被推出来的那会儿,瞧上多多一眼。

还有一次,妈妈以为爸爸已经回去了,正在给多多喂奶,只听见病友们一阵窃笑声,抬头正望见爸爸立在身旁。"哇,这就是我的女儿!"直把妈妈吓了一跳(因为那些小护士可凶了,被看见可是"凶多吉少")。

平时,爸爸很少在家,可每次一回家,总是冲着女儿叫一声,紧接着,就抱起多多,急得妈妈在一旁直嚷:"抱惯了,你一直在家抱?"可爸爸立即回敬妈妈:"难得!就一会儿嘛。"

星期天,去动物园。爸爸带着多多骑马,虽然多多一脸的恐惧,可有爸爸在身旁,总比胆小的妈妈在一旁要感到安全。

游玩间隙,多多依偎着爸爸,直嗲得爸爸眉开眼笑。草地上,相视而坐,父女亲情,便在一个眼神、一丝笑容、一次举足之间流淌出来。触摸着这份轻柔,妈妈动情地直想掉泪。

Carol 上中学后,她父亲便开始用通信的方式与她交流,时常会探讨一些哲学问题。她父亲在精神层面上带给她的影响是相当大的。

从幼儿园到小学甚至中学,我们都坚持让 Carol 就读最好的学校,不过这个"最好"的概念并非是指传统意义上的"重点学校",而是指适合她的学校,其中评判的一个重要指标就是看她在这个整体的教育环境中快乐与否。

从这封Carol父亲写给乌南幼儿园的信中表达出来的那份喜悦与感谢，就是我们对这个学校最好的认可与回馈。这封信也是她父亲为女儿写的第一篇文字。

梅老师、祝老师，并乌鲁木齐南路幼儿园：

对于孩子来说，幼儿园是人生第一个由不同背景组成的集体，是第一个成年人称之为社会的一个缩影。幼儿园带给孩子的不仅是游戏，不仅是知识，更多的是教会孩子在一个集体以及未来在社会中的定位。因此对于任何一个孩子的父母，都希望给予自己的孩子最好的生存、教育环境，特别是会影响他一辈子的第一个社会教育环境。

在孩子即将离开幼儿园的时候，我们欣慰：我们的女儿得到了一个良好的第一集体环境！

我们无法比较乌南幼儿园的自然环境和教学环境在上海的同类幼儿园中是否出色，而且凭我个人的希望而言，还不能说是十分满意。但，三年来，从孩子的变化中发现：我们从最初的怀疑、担忧，走向了一份信赖和放心。

让自己的女儿有一个快乐的心情，这是做父亲的第一愿望。当女儿不再需要我们强迫她上幼儿园，当她可以从幼儿园回到家里带回一份愉悦，我不再为其快乐与否而担忧！

当女儿时常入睡前将自己画好的画放在桌子上，让繁忙的父亲深夜回家欣赏时，我除了感叹女儿一份天真烂漫的想象力之外，还能去要求她什么呢?

当女儿跟我玩耍，用她那浓郁英语腔的"胡语"撒娇时，我除了从女儿身上获得一份幸福外，除了下决心为她创造更好一些的学习环境和条件外，还能做什么呢?

当女儿在与小朋友玩耍时，能表现出一份大度和对他人的关心时，我再也不必"杞人忧天"她难以合群。

两年来，女儿确实给了我无数的惊喜和欢乐，相对以前，我们所给予的实在太少。所以女儿在我两年中唯一的一次参加了家长会之后，她会在电话的另一头大声高呼:"爸爸，太谢谢你了!"

但，作为父亲的我，难以接受这份"感谢"……我只能将这份感谢转给乌南幼儿园的老师，因为有了你们，才使我的女儿获得了一份完整的爱；因为有了你们，才使她在爱的作用下变得聪慧、可人；因为有了你们，才使她感受到了爱的幸福和快乐在于尊重和付出！

感谢你们：梅老师、祝老师，以及乌南幼儿园的所有老师和工作人员。

在此，我想重复我在唯一参加的家长会上，借用的美国电影片名《生命因你动听》，赠送给你们：生命因为你们而变得灿烂！

——Carol 的父亲

1997 年 6 月 23 日

Carol和她父亲有着非常多的相似之处。例如，Carol胆子特别大，喜欢刺激与冒险；天生有着领导意识与才能；方向感与空间感很强；一到水中就如鱼得水，好水性……我想这些大多来自她父亲的遗传基因。

虽然平常和父亲见面次数不多,但逢年过节,尤其是父亲节,她都会贴心地为他准备一份礼物,或约上他一块儿吃顿饭。有时候他们在饭桌上聊几个小时,有时候两个人就这样面对面坐着,沉默不语……

2017年夏天,Carol开车和她父亲一起回了趟父亲的老家,参加太祖母的100岁寿宴。我很高兴她能有更多的机会去了解她父亲以及父亲的家族,与他们之间的联结能更近一些。

"感恩有这样一个能跟我畅聊五根烟的老爹",2017年父亲节Carol在微信上如是说。

《嘴巴广播报》——从"报纸主编"到"新闻主播"

Carol小时候最不喜欢的就是写作文,为此我想尽了各种方法。我发现她虽然不喜欢写,但喜欢说、喜欢画,于是就给她提议一起办份报纸,并给报纸起了个名字叫《嘴巴广播报》。

《嘴巴广播报》基本上保持每月一期的节奏,具体"发行"日期不限,每月当中只要有新鲜好玩的事儿就出一份,最关键的一条宗旨就是题材不限、形式不限。从书信到相册,从文章摘录到电影评论,从艺术作品到采访,从创造发明到旅行游记……写作内容几乎涉及生活的方方面面。

爱上创意、爱上写作,是办这份报纸的初衷。

1. 人生初体验

创刊号

1999年春节,《嘴巴广播报》创刊。

这段刊登在头版头条上的短小精悍的文字,可以说是 Carol 人生中的第一篇新闻采访稿!

"在永嘉路上,住着一户人家,有三口人。其中一个是懒惰先生,我采访了他,他说他只要睡觉。这户人家的女儿,活泼可爱,这户人家的妈妈更是活泼可爱。我祝愿懒惰先生一直睡到三千一百年。"

1999年,电影《小鬼当家》很火,上海电视台便紧跟着这部电影的热映做了个真人秀节目,这是我印象当中的首次儿童真人秀电视节目。

我替女儿报了名,她是第一期的第一个孩子。记得节目播放后,我带她去超市买东西,很多人都认出了她,当时还颇有一番"星妈"的感觉。

根据编导要求，拍摄前父母必须不露声色，借故离开，留下她一人在家，然后编导会让一位由演员扮演的陌生人上门跟她交流，由此而衍生出一系列的"惊险"故事。

创刊号中收录的《第一次拍电视》就是Carol回忆当时拍摄时的一些情景。我至今都记得她在回忆时惊魂未定的那副神情。

"音乐是人类的朋友。有了音乐，我们能生活得更美好。我们的音乐在天空上是神仙，而我们人类只是一部分。"这段极富哲理的文字，刊登在创刊号封底上，我很喜欢，甚至觉得它与某些音乐大家论述音乐的观点有着异曲同工之妙。

1999年2月继创刊号之后发行的第二期报纸，起名为"开学前的大扫除"。

这期中主要有两大亮点：

第一个亮点是Carol发表了她的第一首小诗。全诗如下："刚睡又起床，去去又回来。总是忘关灯，总是忘关门。"

第二期

第二个亮点是 Carol 为当时所热映的动画片《花木兰》写了句广告词："一部对父母很有感情的片子——《花木兰》。"

第三期

孩子的头脑中总是充满各种有趣的想法。1999 年 3 月在《嘴巴广播报》的第三期头版头条中，Carol 为我们描述了她未来的家会是什么样的：

"如果我有一个新家，我就先找好位置，把东西放好，再放上很多花，在花上贴上絮，一根一根的，很好看！晚上找几个朋友来我家开派对！"

从初中开始到高中，Carol 读的是寄宿学校。因为不常见面，所以我们常常会通过书信来交流，而这种习惯始于刊登在 1999 年 3 月第四期的母女书信往来，并一直被保留了下来。

这是我收到的 Carol 写的第一封信。在这封信中，她问了我几个有关我的问题，比如我的出生年月，以及我喜欢的东西或事情。

我回答说："我生在冬天，月份是两位数的，而且这两位数相加之和为 2；我喜欢的东西和事情很多，但最喜欢的是多多经常贴在妈妈耳边说的一句话,和多多跟妈妈一起做的一件事。"

我没有直接告诉她答案,而是让她自己去猜。

在第四期报纸中,我们还设计了一个《小眼看大世界》的栏目,看似幼稚的语言却充满了无限童趣。

"我觉得晾衣服很有意思。我真想天天做,因为在晾衣服时抬着头、看着天,就像一只幸福的小鸟一样飞来飞去。"

"我不相信地球会毁灭,因为从来都没发生过这种事。"

《嘴巴广播报》的第五期和第六期分别是两个特刊。

第五期以"我的娃娃"命名,Carol对娃娃的概念做出了自己的一种界定。

她说:"娃娃是很软而且是很小的,比我们小太多太多……"

她问:"娃娃有没有自己的学校?娃娃会不会嫁给一个王子?娃娃会不会像我一样聪明呢?娃娃会遇到困难吗?"

除此之外,这期最大的亮点就是Carol的首次时装设计发布会!其中所有裙子都是由她自己设计制作的。

第四期

第五期

第六期是爸爸的生日特刊，我和 Carol 一起设计草拟了一份调查问卷。内容包括爸爸的家、爸爸的饮食喜好、爸爸的爱好、爸爸的朋友、爸爸的工作、爸爸和妈妈、爸爸和多多等诸多方面，目的就是让她对父亲有更多的了解。

第六期

在这期《嘴巴广播报》中，Carol 还给爸爸写了一封信。

她在信中写道："爸爸，在你所有的作品中，我最熟悉《湖》。但你能不能出一张流行音乐的唱片，因为我喜欢听流行音乐。我希望它们能比你以前出的《湖》《凤凰于飞》更好！这就是我最大的希望！"

从第一篇新闻采访稿、第一首小诗、第一句广告词到第一次时装设计发布会，乃至第一封家书，这些平常看似不起眼、转瞬即逝的小事情，却是可以让孩子学会如何从细微中观察、捕捉、分享生活瞬间的小方法。从这个角度来看，《嘴巴广播报》无形中成了一份记录孩子成长的珍贵档案。

我很庆幸我和 Carol 在 20 年前就采用这种"分享"的方法，留住了我们原本早已忘却的时刻。我们是不是可以称得上是"朋友圈"

的先行者呢？

2. 在旅行中自由生长

旅行其实是带给孩子（尤其是较大年龄段的孩子）诸多写作灵感与素材的最好路径。

在旅行途中，既可以花上一些时间真正去欣赏自然中或秀美、或壮观的景致，去亲吻路边那些花草树木；又可以零距离地去接触万物生灵，听听它们不同的声音、不同的"歌唱"，把它们录下来；还可以体验民俗、探访古迹……

旅行既是一堂自然写作课，也是一次勇敢者的探险之路，更是小小旅行家、小小画家和小小摄影家得以自由生长并发展的一片沃土。

总之，旅行也是 Carol 报纸内容的重要来源，其最大的烦恼往往不是没有内容或太少，而是因为太多，不知如何做删减。

这时候，我这个创意顾问的工作就是启发、帮助她根据每期报纸的主题一起来定夺版面内容，并尽可能地提供给她更多的写作思路与表现形式，比如影集、旅行手册、有声报纸等，当然最后会让她自己在其中做出一个选择。

所有这些有意思的写作过程，现在想来仍然历历在目，令人寻味。

十几年过去了。现在几乎每次旅行前，Carol 都已早早打点好一切事务，比我当初所做的还要有计划、有条理，甚至更为细致周到。

第七期报纸封面

　　这些曾经留在报纸上的痕迹，或许正是 Carol 的旅行日志或出行计划的雏形。

　　第七期《嘴巴广播报》的内容主要讲述的就是我和她一起去崇明森林公园露营的故事。

　　整份报纸被设计成了一本"影集"，其中以 Carol 和小马丹娜（她为小马起的名字）之间的依恋之情，以及在帐篷内露营作为贯穿主线。

　　当所有照片被挑选并贴好之后，Carol 便根据这些照片即兴讲述露营时的一些小故事，并录在磁带上。讲述内容由她自己定，可长可短。

　　那次去森林公园露营，我们就住在自己搭建的帐篷内。

　　每天一早醒来，Carol 做的第一件事就是去帐篷旁边的小树林，和小马丹娜对话，一说就是半天，她俩常常互相对视，彼此的眼神都充满了爱，令在一旁拍照的我羡慕不已。

　　所以当她在录制磁带上的故事时，讲述的其实都是她对小马丹娜的回忆与思念。可惜现在找不到那盘磁带了。

第十期《嘴巴广播报》也是与旅游相关的，整期报纸记录了女儿去广州旅行的过程。报纸被设计成一本插画书的样子，Carol 在封面上画了一张中国地图，上面明显标注着广州的位置所在。书的内页则对广州海洋馆的整体结构做了一个较为详细的示意说明。另外，还包括一些当时在广州的行程安排等诸多内容。

除了记录旅行，古典音乐、文摘、小发明也有可能是我们《嘴巴广播报》的主题，这些都为开拓女儿的视野、丰富她的童年生活起到了重要作用。

从 1999 年到 2001 年，《嘴巴广播报》在 2 年间共 "发行" 了 24 期。

2015 年，Carol 成了一名正式的英语新闻主播和记者，并拥有了自己的周更栏目。从主编到主播，《嘴巴广播报》功不可没！我曾开玩笑地跟 Carol 提过一个建议："你应该在自己的工作履历上郑重地写上一笔——林忆菁，1999 年至 2001 年《嘴巴广播报》主编。"

12 岁的生日礼物——CD《飞越梦想》

1. CD《飞越梦想》的诞生

2003 年 7 月 27 日，Carol 在上海少年儿童出版社的录音棚里度过了她 12 岁的生日，一张由她自己演唱的 CD《飞越梦想》就此诞生。

Carol 从小就是个喜欢唱歌的女孩儿，尤其擅长演唱诺拉·琼斯

Carol 12 岁时录制的 CD
《飞越梦想》 angel's dream

的歌。在她这个年龄,能唱出爵士感觉的并不多。她的嗓音天生带有一种忧郁气质,我一直都想把她这种特别自然的声音留住,所以就决定在她生日那天为她录制一张 CD。

当然,录制这张 CD 不仅仅是为了她的生日,更重要的是因为那一年我们创办的学校遇到了最大的困境与危机。作为一个才 12 岁的孩子,她所看到、所面临的一切令她感到困惑与难受。

录制这张专辑,无疑是想告诉她,在面对与承受困难时仍然要一如既往地面带微笑,生活并不会因此而停止,要以更好的姿态来面对它,挺过去,这样才不会被打垮。

Carol 和朋友们一起录制
《马来西亚民歌》

生日那天，她克服了身体和心理等诸多疲惫，几乎仅用了半天时间就录完了近十首歌。这是一个专业级歌手都不可能做到的，当然录制要求是不同的。对于她而言，在她生日当天，把一张CD完完整整地录完，也就是说把这件事情从无到有，一步一步实现了，才是她录歌的最大意义。

当我们坐在录音棚，从专业级的音响中听到Carol的歌声时，所有人都惊呆了，Carol自己更是难以相信这是她自己的声音。

就这样，边听着自己唱的歌，边品尝着自己的生日蛋糕（这是我特意为她订制的，蛋糕上画着她的这张CD封面——Carol 5岁时画的一幅画），我想没有比这种方式更能让她记住这个难忘的12岁生日了。

那一年，她终于挺过了对于她这个年龄而言其实是不堪重负的一种艰难，而且是微笑着跨过了这道生活的坎儿。这张CD正是她给予自己最响亮的掌声与最好的回报！

这既是一份送给她的生日礼物，也是一份送给她和我们共同的生活礼物！

2. 只为了在路上能听你唱的歌

我2003年时专门为这张CD而写了一段文字。

开车时我喜欢有音乐做伴，因为它让我找到一种自由飞扬的感觉。所以一上车，发动引擎后的第一件事就是打开MP3、磁带或

CD，情不自禁地和女儿一起高声和着。渐渐地，听多了别人唱的歌，常常会将别人的歌声作为伴奏，小小的车厢即成了我们的迷你KTV包房。就是从那时候起，我忽然发现多多的模仿力很强，唱歌感觉也非常好，便开始想象有一天，能在开车时听着女儿自己唱的歌。于是，有了今天的《飞越梦想》。

我和多多约定将录音日期放在她12岁生日这天，不为什么，只为以后容易记住这个12岁的生日。

《飞越梦想》这张专辑不仅收录了多多生日当天在录音棚内所录制的11首歌，还收录了她12年来的一些珍贵录音，包括她4岁时演唱的英文童谣，第一次和我一起录制的电台节目，为少年儿童出版社录制的《上下五千年》解说词，等等。

或许，当你听到《那些花儿》和 Seven Years 这两首歌名时，会对多多将如何演绎有些好奇，甚至带点怀疑，因为这两首歌似乎并不太符合她12岁的年龄及声线。可我却对此信心十足，因为她唱这两首歌的感觉实在是太到位了，稚嫩的声音带点成熟、带点忧郁。

我一直都很喜欢赛琳·迪昂的歌，尤其是 Goodbye 这首歌。第一次听，是多多到英国参加夏令营前的一个晚上，那是她第一次独自离家远行。记得当时听着听着就流泪了，但我知道这眼泪不是悲伤，而是对女儿将要高飞的一种期许！

所以在选择专辑时，这首歌理所当然地成为首选。曾担心过她是否能把这首歌拿下，不过，当她第一次试唱时，我就觉得这首歌似乎就是为她而写的，而且从中能隐约感觉到她作为专业歌手的潜质所在。不过遗憾的是，录音那天发挥有些失常，没平常唱得好。

如果说 Goodbye 这首歌是献给老妈听的，那么《送别》则是多多为老爸而唱的。

2000年春节，多多曾自制了一套节目献给繁忙工作的老爸，其中就有这首《送别》。这次录音，她自己强烈要求重新演绎这首歌，并表示要特别送给老爸。

最有趣的是，她还将这首曲子改编成了周杰伦式的风格，给人以一种强烈的不对称感：古典与现代的交融、旋律与节奏的冲突、纯净与随意的反差。听了之后感觉还蛮过瘾的。

多多喜欢交朋友，而且喜欢结交年龄比她大的朋友。她说："将来我也许会花更多的时间和朋友在一起。"

《马来西亚民歌》就是一首和一群大朋友的合唱。虽然在这首歌曲中，几乎难以听到她的声音，可她却非常喜欢这首歌，因

女儿CD专辑《飞越梦想》内页

为她认为这是与朋友一起合作的作品，她珍惜这样的机会、这样的时光。

我曾问过多多，喜欢哪种男孩子。她说："运动型，酷酷的，就像周杰伦。"

在如此众多的歌手中，她就是喜欢周杰伦，喜欢他的歌几乎到了痴迷程度。这次录音，最大遗憾就是没有唱周杰伦的歌。不过她梦想着有一天能与周杰伦同唱一首歌。

为了能实现这个梦想，她煞有其事地决定要学管理，将来要并购索尼公司（因为周杰伦当时的音乐发行版权均由索尼公司管理），真让你有点哭笑不得。

（Rainbow 注：事后我曾托朋友将这张唱片送给了周杰伦。）

多多喜欢唱歌，是天生的那种喜欢。所以我希望在她生命的旅途中，将她心中的那首歌永远地唱下去，而更重要的是，有了她唱的这些歌，老妈在开车路上永远都不会寂寞，因为有女儿的歌声陪伴。

3. 用心的随写 —— 一封没有发出的邮件

少年时期的 Carol 就是个较为理性又不失感性的女孩。

这封写给周杰伦的邮件也是我很多年之后在整理她的一堆文字时发现的，看完之后第一反应有些惊讶。虽然周杰伦是她当时唯一崇拜的偶像，但她并没有像很多青少年歌迷那样的盲目与疯狂，而是表现出了一份超乎于她 12 岁年龄的成熟与理性。

在这封最终并没有发出的邮件中,她这样写道:

致周杰伦

一直都很喜欢你,但愿是一种理性的喜欢吧!

我也录了一张 CD,随性的,就在我生日那天录的。

你知道,我有多希望你能够听到这张 CD。

我在你的网站留言了,

不知道你是否会看到?

反正今天也是随意而写,

我相信每个留言的人,都会有很多话想说,

我也是!

期待你能够看到,

我相信你会的。

所以我也不多说什么了。

加油出专辑!

麻烦你看到后一定要与我联系。

林忆菁——

一个爱音乐的女孩

一个爱你的音乐的女孩

一个喜欢你的女孩

4. 我尊重女儿自然成长——我看女儿

录制完《飞越梦想》后，我特意请她父亲写了一段序，并放在CD封面中，这可以说是一位父亲对女儿的一个既主观又客观的评价。说它主观是在于整篇序中，你随处都能看到父亲对女儿毫不掩饰的赏识及毫无保留的爱；而客观则在于他仍然"尽可能保持客观的态度来看待"女儿，希望她自然地成长。

当初看这篇序言时，我曾一度觉得写得过于简单，但读了数遍之后发现，简洁的文字背后隐藏着的那份尊重与爱却是很深的。

俗话说，"癞痢头儿子自家的好"。这是人的天性，毋庸置疑。尽管我尽可能保持客观的态度来看待我的女儿，却也不得不承认，女儿身上确实存在许多优点，归纳起来我认为有三：

独立。有天性的成分，加之后天的"逼迫"。她的独立不仅体现在行动上，在她力所能及的情形下，从不喜欢他人的帮助，更在于她善于独立思考，哪怕在学习上也是如此。那么多年来，她的学习成绩无论好坏，都是她自己最最本色、最最自然的表现。

懂得体谅人。女儿很会从他人的角度去思考问题，并给予他人宽容。作为父亲的我，尤为欣赏。因为我认为这是做人最基本但又是最难能可贵的品德。当然，这个度必然会随着年龄、阅历而变化，我希望女儿能通透之，因为这是仁爱之源。

有思想。这是她自己最自豪，也是最自信的。初看那篇《何时到达》时，我不敢相信这是出于一个十二岁女孩之笔（可能是我的孤陋寡闻），她自称自己"在才女中还算漂亮"，可见其对自己容貌与思想的自信。

当然，人无完人，女儿身上有不少缺点，但，我认为：人之所以为人，那就是因为人是完整的矛盾统一体，就是包括了长与短、智与愚、勤与懒等一切因素的共构。

因此我看女儿，旨在扬其所长，那又何必揪其短呢？

这也就是我没有道理地信任她，无须理由地爱她的理由。

自然是天地之造化，一切顺其自然，这是人对自然最大的尊重。因此，我尊重女儿自然地成长。

这就是生活

1. 示弱与放手

朋友常常抱怨自己的孩子不愿做家务，生活自理能力差，问我有什么诀窍。其实也没什么诀窍，就几个字：示弱与放手。

Carol 很小的时候就学会了骑单车。我常常会和她一起骑着单车去超市买日用品，或者去菜场买菜，她总是会帮我拎最重的东西。她是个能干且贴心的女儿。

记得有一次我买了一只鸡，已经杀好了，可是当我用刀切块时，居然还感觉到它在做最后的挣扎，吓得我当时就把刀往水池里一扔。从此我们家买回来的鸡、鸭、鱼，几乎都是 Carol 帮忙洗、弄，她成了我的好帮手。

Carol 如果不小心打碎东西，我从来不会斥责她半句，首先问她手有没有受伤，然后和她一起把打碎的东西扫进垃圾桶里，最后再说一句：没关系，下次小心点。这样她就不会因为打碎一个碗而产生恐惧与内疚，而是自然而然地把着眼点放在如何做好这件事，往后多加小心这个点上。

每次吃完饭，我们总是一起洗碗。洗碗时，就像流水作业一样会有所分工：我先用洗洁精把所有的餐具洗一遍，然后 Carol 则在一旁再用清水冲洗一遍。我们常常是边唱歌、边听音乐、边做家务，从不把它当成一桩苦差事来做，心态是主动的、愉悦的，久而久之，做家务就变成了一种愉快的经历与习惯。

有一年春节，我们自驾去浙江松阳西坑村的"过云山居"跨年旅行。大年夜那天，和住在民宿中八户原本毫无交集的"云客"们，自己动手准备火锅食材，在一起吃了一顿别样的大年夜饭！

年夜饭后，我和 Carol 主动包揽了清洗餐具的活儿。我们把当晚饭桌上数不清的碗、筷、盘子、杯子、碟子全都洗了个干干净净！

Carol 10 岁那年，我带着她和她的同学从花店那儿批发了一些花儿，在公园内设摊出售。

一开始，谁都不愿意到人群中叫卖。我就带上他们，自己先开口叫卖。然后孩子们就学我，扯开嗓门叫卖了起来。一时间，批发来的花儿全部售罄！

我们去广州参加全国小提琴比赛，在现场售卖我们研发录制的小提琴卡拉 OK 的唱片。Carol 忙里忙外，才上四年级的她，穿梭在人群中毫不怯场，逢人就问：你想不想听听这张 CD？它对你的孩子练琴非常有帮助。看着她认真大胆的模样，真的很自豪。

2. 那张高架床

对我而言，床不仅是个睡觉与休息的地方，更是一个承载了许多乐趣与回忆的地方！

小时候，老爸有个军用床，每次去郊外都会带上它。野餐时把它铺在草地上，玩儿累了就把两头系在树上，像秋千一样，躺在上面美美地打个盹儿，看看书、看看蓝天白云。

Carol 读初中那会儿，有一天我突然接到她的电话："妈妈，床塌了！"回家一看，家里那张床已变成了一座悬在半空中的桥！原来 Carol 带了几个同学来家玩儿，在上面又蹦又跳，结果垮塌了。当晚，我俩就这样提心吊胆地在倾斜了的床上睡了一觉。现在想来倒还蛮欢乐、蛮有趣的。

照片中的这张高架床还是在 Carol 读小学那会儿为她买的，一楼当"书房"，二楼则是"卧室"。

Rainbow 和 Carol 的"星光乐园"
——高架床

每次爬上"二楼卧室"去睡觉时，我俩都会不约而同地说上一句："睡觉乃人生一大快事也！"然后才安然入睡。这个睡前仪式曾持续了很多年，而这句"名言"至今说起来还让我们怀念。

办学校那会儿，因为住得离东湖路近，很多老师都来我家睡过这张床。

有一年我过生日，老师们为了给我一个惊喜，买通了我家阿姨和Carol，事先布置好，并蹲守在家中。我晚上回到家，只见灯一下子全亮了，所有人齐刷刷地站在了我面前，把我吓得不轻！

那晚一直玩到凌晨三四点，最后，大家索性就全睡在我家。有打地铺的，有睡沙发的，还有睡大床的，而"二楼卧室"居然睡了四五个人，床的结实程度可见一斑！估计那些老师应该至今都还记得曾经睡过的那张高架床吧！

这张高架床在我家已有十多年了。每次搬家前都会为它纠结苦恼，因为它不仅体积庞大，而且还结构复杂，必须得找专业人士搬运拆装才行，不过最终我们依然没舍得"离开"它。

现在，"二楼卧室"已失去了它的原来用途，而"一楼书房"我们也不常光顾，基本用来摆放物品。但只要它还在那里，就让我们觉得那个熟悉的"我们家"从来就没变过！

3. 那个记忆中一直都念念不忘的味道

Carol还在初中住读那会儿，每到周末回来时，我家阿姨就会做那道她的看家菜——醉虾。Carol和我特别喜欢，每次一端上桌分分钟就被一扫而光。

从那时候起,我们便爱上了这道口感鲜嫩,且散发着一股醇酒香味儿的菜品。不过遗憾的是,从没问过阿姨这道醉虾的腌制过程。就因为想寻找那个记忆中曾经一直念念不忘的"味道",我和Carol决定自己来尝试腌制这道菜品。

先是上网查资料,结果发现网上醉虾的做法可谓林林总总:有说用河虾做的,也有说用基围虾做的;有说用绍兴黄酒焖制的,还有说用白酒焖制的。最后我们决定综合各路做法,然后根据自己理解并喜欢的方式,研制出符合我们自家口味的一道醉虾!

首先是选食材。经过千挑万选之后,我们决定选用大头虾作为醉虾的主要食材,因为在所有虾类品种中,大头虾是我们最喜欢的;考虑到最后即使做失败了也没什么损失,大不了就把这些大头虾煮着吃或放火锅里涮也很美味。

做醉虾强调的是原食材一定要是活的虾。所以一回到家,就赶紧将活蹦乱跳的大头虾反复用水冲洗干净,随后,将42度的白酒倒入洗净的大头虾中盖上盖子,焖上一段时间之后,再将白酒倒出。说实话,当时整个"研发"过程中最慌乱的就数这一步了,因为当时并不确定焖制时间究竟要多长才好,只能凭着感觉走!值得注意的是,在焖制过程中,要尽量让所有大头虾都充分浸泡在白酒中。

处理完大头虾,就可以准备酱汁调味料了。

第一步:将青葱和生姜分别切成段和片,将大蒜拍碎。

第二步：准备好薄盐生抽、香醋、绵白糖及鸡精。

第三步：将所有调味料混合在一起，充分搅拌均匀。

第四步：将调好的酱汁辅料倒入大头虾中，并充分搅拌。

最后一步：将醉虾放入冰箱内冷藏一段时间，口感更佳、更入味！

这是我和女儿第一次合作腌制的菜品，虽然过程有些手忙脚乱，但最后无论是味道还是品相都还算不错，感觉跟记忆中的那个"味道"非常接近。

4. 一个爱与美食相互交融的完美之夜！

Carol 的男友小塔很会做菜，比萨是他的拿手绝活儿。他会做各种不同口味的比萨：腊肠的、海鲜的、蔬菜的……除了西餐，中餐也不在话下，一道简简单单的炒菠菜，因为加入了黄油，味道与家常炒菠菜有了些许的不同。在小塔的带动下，现在 Carol 的中西餐厨艺也大有长进。

2017 年我生日前夕的一个下午，我和 Carol 一起，边看威廉老师的教学视频，边做香蕉枸杞蛋糕。虽然以前我也曾做过一些烘焙西点，但正儿八经地做蛋糕却是第一次。

刚开始时，我们俩都显得有些手忙脚乱的，不过，Carol 似乎比我更老练一些。她说前段时间她曾跟小塔学做过巧克力蛋糕，所以大概知道一些流程。

其实，做美食有时候就是为自己所爱的人做的一件极其重要的事情,因为爱他,所以竭尽全力去学、去做。

就在等待烘烤蛋糕的间隙,我突然发现Carol正专注地在看一本书,一问才知道,她当晚打算为小塔做一道羊排,这是她第一次做,所以边看书,边研究,现学现卖。

Carol看的这本书是小塔最崇拜、最喜欢的一位作者Timothy Ferriss撰写的一本烹饪书——《4小时厨师——用最简单的方法达到专业厨师水准》。Timothy是个美国人,他曾开过一家IT公司,后来因崇尚"简化你的工作时间"这样一种理念,在每一年当中,他都会安排3~6个月去旅行,并采用远程方式来继续自己的工作。Carol坦言,她很喜欢,也很欣赏他的这种工作与生活相结合的理念。她和小塔去中美洲——哥斯达黎加边工作边旅行两个多月,某种程度上就是受到了这种理念的影响。

大约30分钟过后,我们终于品尝到了自己做的、新鲜出炉的香蕉枸杞蛋糕。虽然从品相上来看稍微差了点,但味道却出奇得好,特别是蛋糕中还能咬到小块状的香蕉。

此时,尽管外面黑夜已经降临,但屋内却依旧如白日般亮堂。厨房的一角,柔和的灯光下,Carol依旧在专注地边看书,边做烤羊排前的准备工作:调理羊排,用白萝卜垫底,将番茄切碎,剥大蒜。空气中不时散发着香蕉蛋糕和大蒜混合夹杂着的香味儿。

这是两星期以来一直在张家界拍片的Carol回家后为小塔做的第一顿晚餐。看到此番情景,我提前告辞,把时间和空间留给他们。

一路上不断循环地听着 Carol 刚推荐给我的一首好听极了的情歌，Ed Sheeran 演唱的 *Perfect*，我想，今晚一定会是个极其美妙且完美的夜晚！

情人节的"蔬菜"花

5. 情人节，并不只有玫瑰花

这两张照片是我和 Carol 的一个小创意。

那年夏天，Carol 参加一个电视双语主持比赛节目，在设计游戏奖品时我们想到了这个主意。大白菜是作为奖品送给节目游戏赢家的，其寓意为：带回家包些饺子庆祝一下。而苦瓜则作为一种鼓励送给节目游戏输家，其寓意为：清清火、消消气，冷静、再战！

为了节目效果，当时我们特意去菜市场挑选了一棵漂亮的大白菜，两根碧绿的苦瓜，而且还去花店选了一大张亚麻材质的包装纸和一根麻绳，然后请花店的美女将它们分别包装了一下。

虽然这个创意最终在节目拍摄中并未用到，但却受到了很多人的喜欢,由此启发了我们将它当作一份创意礼物,送给亲朋好友。

其实过情人节,并不一定非得送花、送巧克力,你完全可以投其所好,送点对方喜欢吃的蔬菜、水果,甚至是一个特别合他口味的"火锅食材包"或"火锅调料包"。把它们包装成花束形式,或用一个精美的盒子装起来,这绝对是个让人印象深刻的礼物,说不定瞬间还会成为一种另类新时尚!其最美妙之处在于它所蕴含的潜台词:我愿意成为你的家人,或如同家人般的朋友,和你一起和和美美过日子!

第 2 章

艺术培养:

打破学习界限,将整个世界
作为孩子的课堂

小时候我最怕的就是"说话"。我害怕老师让我在课堂上朗读课文,害怕在众人面前唱歌。因为我有一副沙哑的嗓音,在那个推崇铿锵声音的年代里,我就像是一只丑小鸭。

老爸的第一位女友沈阿姨是位美声唱法的声乐老师,毕业于上海圣约翰大学,做派很西化。她很喜欢我这副哑嗓,她说唱英文歌会很好听。那年圣诞派对上,她亲自为我钢琴伴奏,鼓励我第一次在大庭广众之下演唱了她教我的那首意大利民歌《桑塔露琪亚》。

虽然最终因为紧张没唱完,但在场所有长辈的掌声与喝采,成全了我这个"丑小鸭"的第一次蜕变!

后来,在我18岁准备报考上海音乐学院作曲系前,因为要进行视唱练耳考试,于是经人推荐,去昆剧团的姚士达老师那里进行了一段时间的嗓音训练。

只记得当时的训练非常特别:他先按住我后颈部的一个穴位,同时将他的整个手握成拳头,慢慢进入我的嘴巴,然后不断反复进行张开与闭合训练。每次训练后,完全没办法吃东西,可为了让自己的声音变得更"好听",就这样忍着,直到一星期后,才慢慢可以进食。

尽管我的声音依旧沙哑,本质上并没有多大改变,改变的只是找到了一种说话的方法与自信,而比改变更重要的是:发现并欣赏自己的独特声音!

音乐是为了能更自由地表达情感与自我

在我和 Carol 共同生活的这二十多年间,每逢生日或一些重要的日子,我们彼此都会将音乐作为一份珍贵礼物送给对方,以此表达爱与情感。

在我看来,礼物并不一定是一种看得见、摸得着的实物,而是一种心灵沟通,一种情感表达。音乐正是这样恰如其分的一种礼物。

1. 音乐,是我送你最美、最好的礼物!

很多年前,在我事业和感情受到重创的那段日子里,Carol 曾送我一份极为珍贵的礼物:音乐剧《歌剧魅影》中的一首插曲 *Think of Me*,还有录在我手机中的一段话。

她说:"Hey mom .... everything, everything will be all right. Here I want to give you a song."(嗨,妈妈……一切都会好起来的。在这儿我想送你一首歌。)接着她用英文唱起了这首《歌剧魅影》插曲 *Think of Me* 开头部分。

后来我将 Carol 送我的这份"声音礼物"设置为手机铃声,每当有人打进电话,那个温暖的声音便会响起,它曾一度支撑我走过岁月中最难挨的那段冰冷日子,并逐渐融化了我心中的那块"冰"。

在我读初中时,从远在美国的二伯母回国探亲所带回的一张卡带中听到了一首《当孩子出生时》,并由此记住了这个醇厚、磁性的声音,以及这首歌的名字。

那时的我,曾憧憬有一天,有了自己的孩子,当他长大之后,一定要将这首歌送给他。

终于,Carol 24 岁生日那天,我在微信上分享了这首歌,作为送给她的一份生日礼物。

我说:"如今,我不仅有了你,而且无比骄傲地看着你慢慢长大。现在,我要将我生命中曾经的那份憧憬与美好赠予你!"

我想,这番心意与美好 Carol 一定会懂。

2. 多么美妙的世界!

What an Amazing Birthday Surprise!

每次回到家,你都问我:"一切是否都好?"

其实这是你在告诉我,你有多么的爱我。

You see me coming home,

and you say 'how do you do baby?'

you are really saying 'baby love you'……

看到这些文字，或许你会以为这是出自哪首歌中的歌词。这其实是女儿特别唱给我听的 Carol 版 *What a Wonderful World*！

她将原曲中的部分歌词稍做了些改动，取而代之的是她想对我说的心里话。

彼此相伴的岁月中，

你见我落泪，

也见证了我的成长，

而我所学到的东西已超乎了我的想象。

You hear me cry,

you watch me grow,

and I'll learn so much more than I'll ever know.

我 48 岁生日前夕，Carol 从北京飞回上海，趁着去美兰湖参加为期一周的高尔夫大师赛工作间隙，回家第一件事就是播放她唱的这首歌给我听。

我们边听边彼此相拥，伴着这个我们最爱、最熟悉的旋律，轻轻地摇摆了起来……

她说，这是她特地在北京的一个录音棚录的，为此事她已筹划了许久：改歌词、找伴奏带、去录音棚录音，因为时间太紧，仅录了两三遍。

What a Wonderful World 是我最珍爱的一首"压箱底"的经典英文老歌，原唱者是素有"书包嘴大叔"之称的爵士乐之父——路易斯·阿姆斯特朗（Louis Armstrong）。

艺术培养：打破学习界限，将整个世界作为孩子的课堂

和我一样，这首歌也是 Carol 的最爱。她翻唱这首歌就是想以此来表达我们母女间情同姐妹与朋友般的爱，并祝我生日快乐！

现在，当我坐在这里，边写边回想，那时候刚听到这首歌时的感觉，依然历历在目，唯有"感动"二字才能真正表达我此时与彼时的所有感受！可以说，这个版本确实是我所听到过的，几乎可以与阿姆斯特朗相媲美的最好的一个版本！

Carol 说："有时候音乐比文字更能表达一个人的情感！"

Carol 在唱歌

3. Cheek to Cheek

第一次听 Cheek to Cheek 是在路上。那天 Hit-FM 恰好播放的就是 Tony Bennett 和 Lady gaga 的现场演唱会，这首 Cheek to Cheek 完全颠覆了以前我对 Lady gaga 的既有印象，从而对她有了一个全新的认知！所以，当 Carol 决定为她 25 岁生日录歌时，Cheek to Cheek 便成为首选曲目。

一直被认为有着一副适合唱爵士嗓音的 Carol，这次似乎想唱出点新鲜的东西———一种游离于爵士与流行之间的新元素。尽管最后她对自己的演唱哪儿都不满意："头没开好，中间又太平了，音也没唱准，结尾那句没唱在拍点上。"可我从中却分明听到了有种情不自禁的爱与欢乐，一种不断加速的心跳律动，一种停不下来的舞步，一种扑面而来的现场感。所有这些都热烈到令你无法抵挡！

还有 Carol 发在私信中的那段留言："妈妈，谢谢你今天带我去了录音棚，好像回到了小时候。我很想念这样的感觉！"

整首曲子从录制到导出只用了一个多小时！之所以能够在这么短的时间内完成，要感谢老同学、作曲家夏伟光和录音师张杰这对"欢喜冤家"的幽默合作！

Carol 与作曲家夏伟光和录音师张杰在一起

就跟着这首 Cheek to Cheek，和 Carol 共舞一曲吧！

Heaven, I'm in heaven

天堂，我像是来到了天堂

And my heart beats so that I can hardly speak

心跳加速，几乎说不出话

And I seem to find the happiness I seek

我如同找到了一直寻觅的幸福快乐

When were out together dancing cheek to cheek

当我们面对面尽情跳舞的时候

Heaven, I'm in heaven

天堂,我像是来到了天堂

And the cares that hung around me through the week

这种感觉拥抱着我,一周都停不下来

Seem to vanish like a gambler's lucky streak

就像赌徒的幸运星一样消失不见

When were out together dancing(swinging) cheek to cheek

当我们面对面尽情跳舞的时候

和孩子一起建立、分享属于你们共同的一份歌单

  Carol 小的时候,她的听歌单几乎由我一手包办。其中古典音乐所占比重较大,其他的有爵士乐、经典老歌等,当然还包括很多动画片及电影插曲。

Rainbow 手绘作品 · 老唱机

1. *Somewhere Out There*

这首迪士尼卡通片《老鼠移民》中的插曲 Somewhere Out There 永远是动画片插曲中排第一位的。

Carol 还在北京上大学的某个晚上，我和她居然在同一时间节点上，不约而同地在微信上分享了这首歌。

Carol 说：童年的最爱，妈妈的味道。And even though I know how very apart from we are, it helps to think we might be wishing under same bright star……

（即使我知道我们之间相距甚远，但想想我们或许在同一个星星下面许愿，就感觉好多了。）

渐渐长大，她开始有了自己的独立歌单。

于是我们开始互相给对方推荐自己喜欢的歌。我经常而且非常乐意听她推荐的歌，对她推荐的歌就如同我对美食的态度，不挑剔，几乎来者不拒，因为我发现她听歌的口味常常与众不同，由此而拓宽并丰富了我的听歌范围。

2. Pink Floyd: *Teacher Teacher*

这首歌是 Carol 很多年前在学校英语电台中分享的一首歌。她俏皮地说：这首歌最好不要让学校老师听见，否则的话……

那年的教师节当天，我在微信上转发了这首歌。

我们不需要灌输式教育，

我们不需要思想被控制，

教室里充满了黑色幽默，

老师，请让孩子们自己待着。

嗨！老师！让我们自己待着！

这只是墙上的另一块砖，你只是墙上的另一块砖。

当然，Carol也常常会听我推荐的歌，因为她希望能听着这些歌，快快"朝着大人这片海洋游去"。

3. 约翰·列侬：Imagine

二十多年前，我曾经是披头士的一位忠实追随者，我几乎聆听了披头士所能听到的每首歌。今天，这份深深的热爱，潜移默化地流淌在了Carol的血液里。

在Carol独立制作的一部新闻短片中，她与列侬跨时空、跨地域共同演唱了这首 Imagine 片段。她把对披头士的爱倾注在其中，一步一步引领观众走近披头士的那个年代及其音乐氛围中。

当时审片时，ICS的电视新闻部主任看完后异常激动，当即给出了播出评价最高分"A"，并称这是本年度所看到过的最好的一部英语新闻短片！

有时候，生命的延续就是如此这般的契合！

渐渐地，我俩听歌的口味愈来愈接近，各自的歌单也因为这些共同的喜好而变得丰厚起来。

在她的歌单里出现了 Louis Armstrong, Eric Clapton, John

Lennon 等经典歌手的名字，还包括莫扎特、贝多芬等古典音乐家，甚至于连威尔第的歌剧《茶花女》都成了她的至爱。

而在我的歌单里，古典的比重则越来越少，取而代之的是 Black Eyed Peas、Taylor Swift、John Mayer 等名字，有些甚至连歌名或歌手我都不一定知道，但只要觉得音乐好听，一概照单全收。

慢慢地，我们已分不清这究竟是我的歌单还是她的，因为不同歌单上的歌早已交叉成为我们共同喜爱的歌，于是乎我们开始共享同一张歌单。就像这首 John Mayer 演唱的 *Who Says*，原先一直听 Carol 播放这首歌，听着听着，我便将它放入了我的歌单中，而且还成了我特别喜欢的一首歌。

4. 诺拉琼斯：*Sunrise*

诺拉琼斯是我和 Carol 共同喜欢的一位爵士乐歌手，她的每首歌我几乎都喜欢，而且 Carol 也曾唱过她很多歌曲。比如 *Seven Years*、*Don't Know Why*、*Sunrise*。

高中时，Carol 参加全国"希望杯"英语演讲比赛，正是唱着这首我们共同喜爱的歌 *Sunrise* 冲出了复赛重围，进入到激烈的决赛之中，并最终获得了上海赛区的冠军。对她而言，这是一首幸运之歌。

5. *Fix You*、*That's How I Got to Memphis*

这两首歌是我和 Carol 在观看美剧《新闻编辑室》时爱上的。

其中第一首出自于该剧第二季结尾时的一首插曲，当时我们曾被这首歌深深震撼。

2016年7月27日，Carol工作后过的第一个生日时，我曾专门写了篇文章《有时候，苦难是一笔不可多得的财富！感谢苦难！》，并将这首歌附在文中作为生日礼物一并送给了Carol。

在这首歌的下面，我特别引用了她12岁生日时自己写的一段话："梦想，就是你还没有做到的事，但并不代表你不可能做到。每个人都有自己的梦想，不同的梦想，有着不同的努力方式。要是某件事真的是你的梦想，我想你一定会努力去做的。"

第二首则是该剧大结局时的片尾曲。其原唱者是被誉为"最擅长叙事歌曲"的美国老牌乡村歌手Tom T Hall。这首歌曾被很多歌手传唱过。

或许是对《新闻编辑室》及剧中主人公威尔的偏爱，我认为这是我听到过的最好的一个演绎版本。尽管所有演唱者都不是专业歌手，但自然、流畅的声音及其感情流露，赋予了这首歌一种独特的气质与魅力！

这是影片结尾查理葬礼结束后，威尔来到查理的车库（查理的长孙在那里组建了一支乐队）。威尔抱起了吉他，动情地唱起了查理生前在办公室一直播放的这首 *That's How I Got to Memphis*。

6. Las Ketchup：*The Ketchup Song（Asereje）*

2017年年底，在Carol的西语歌单中我突然发现了这首歌，那是很多年前我和 Carol 曾买过的一张拉丁美洲风格的 CD，这是其中我们最喜欢的一首。那时候每次开车在路上，我们都会一遍遍地反复播放，从来都不会听厌。

当年一起创办缪斯私立学校的姐妹们就是听着车里播放的这段音乐，在湖南路的马路中央翩翩起舞，曼妙身姿拍下来绝对不输时尚杂志的照片。

可惜后来卖掉那辆车时，忘记拿出那张 CD 了。这些年来我一直都在寻找。现在终于找到了！

7. 卡伦·卡彭特：《昔日重来》

《昔日重来》是我儿时最喜欢的一首老歌。

前段时间在 Carol 家发现了一个专业麦克风，它令我想起以前做电台节目时的情景，随即就对着这个麦克风唱起了这首歌，没想到小塔将它录了下来，效果不错。不过因为很多歌词都不记得了，所以从网上下载歌词后又重录了一遍。唱到一半时，Carol 加了进来，于是一版母女二重唱就此诞生。虽然之前从未合过，但却出奇地默契，以至于唱完后我们三个人同时惊呼：完美无缺！

我想这应该归功于之前我们俩都很喜欢听这首歌，这种默契是在一种长此以往的潜移默化中自然形成的。很可惜的是，最后没有录制成功，成了一个绝版的现场演唱。但在我们心中，它却依然真实存在，完美无缺！

8. Tez Cadey: *Seve*

2016 年的 10 月假期，我和 Carol 一同去了非洲肯尼亚，那次 7 天 6 夜的旅行是我们众多旅行当中最棒、记忆最深刻的一次经历。

旅行过后，当听到这首舞曲时，歌中的斯瓦希里语以及让人停不下来的魔性旋律节奏，都让我们不约而同地想起了非洲的那段日子。我和 Carol 相继在微信上分享了这段舞曲。

Carol 说："Missing Africa（想念非洲）……"

9. 《九百万辆自行车》

2017 年母亲节我们去崇明露营。在回沪的路上，小塔特别将这首歌《九百万辆自行车》送给了我。当我边开着车边听着这首旋律时，立刻就被这位爵士才女的音色及风格所征服。

一张歌单的分享过程，不仅见证了我们曾经共同拥有的喜怒哀乐，更重要的是见证了我们一起从独自欣赏，通过互相推荐，直至彼此慢慢接受过程中如同姐妹及朋友般的包容和弹性。

希望将来，Carol 会与她自己的爱人和孩子慢慢磨合，并延续这张歌单的分享过程。

曾经看过的电影就像是一个浓缩了的人生课堂

我和女儿都称得上是铁杆影迷，超级爱看英文电影。不过和她不同的是，我看过一遍之后通常就不会再去反复看，除非是我觉得特别棒的；而她则不然，她会不断地看、反复地看，百看不厌，甚至都可以背出其中大段精彩英文对白，让人不得不佩服。

Carol 小的时候，当然看的大多是些迪士尼卡通，而且从不看中文版，直接看英语原版。也难怪很多人，甚至外国人都认为 Carol 是出生在美国的华裔，或者至少也应该在美国生活过很多年。我觉得打小看原版这事儿，对她练就一口纯正美音还是起到了不小的作用。

Weston Woods 是一个在美国非常有名的影片制作公司，他们擅长从最好的经典儿童文学中选出一些适合的故事拍成电影，其目的是希望孩子们能通过看电影的方式渐渐地爱上阅读。

在 Weston Woods Story Books 中，《我的名字 Chrysanthemum》是其中我最喜欢的一个。喜欢它不仅因为故事本身，更主要是因为为这部短片配音的是我最喜欢的演员梅丽尔·斯特里普（Meryl Streep）。她低沉、自然、颇具戏剧感染力的叙述为整部影片营造了一种极其温暖、柔软的氛围。

这部短片讲述的是在爸爸妈妈的心里，Chrysanthemum（菊花）是个完美的名字，但是它太长，而且又是个花的名字，所以总是被同学们嘲笑。最后因为爸爸妈妈的安慰及音乐老师的肯定，Chrysanthemum 才开心地接纳了自己这个与众不同的名字。

这是一个画面、声音都很完美的英文故事。

从 Carol 大一点开始，我会精心挑选一些适合她在不同年龄阶段和不同心理发展期看的电影，这些电影大多是我认为对她性格塑造以及心理培养有益的电影。

《春风化雨》《生命因你而动听》《放牛班的春天》就是她刚上初中时我们常会一起观看的三部压箱底的典范之作。

上高中后，我们看电影的内容就比较广泛了。但那段时期看的多是喜剧片，因为现实生活中的我们已经太累、太压抑，何不自己去寻找一些快乐呢？！

因此，在很长一段时间内，可以毫不夸张地说，我们只看喜剧片。喜剧电影影响并改变着我们两个人的日常生活。

这些喜剧电影中，多数都会涉及男人这个话题，对此我从不避讳，总是会主动地将这类话题从电影中自然地切入到现实生活中跟 Carol 交流，说说彼此对男人的看法，以及各自喜欢男人的类型。

有时候，Carol 也会主动和我聊起当时她正在交往的男孩的一些事情，听听我的想法。

有意思的是，女儿所喜欢的男人类型大多是一些性格温和、喜欢安稳、有生活情调、容易亲近、有好人缘，甚至有些呆萌的帅哥，这或许多多少少与当时我们所喜欢的喜剧片中的男人类型有所关联吧。

记得有一年和 Carol 一起看一部芬兰电影《圣诞传说》。看完后，我们两个人沉默了许久……直到 Carol 习惯性地用手在我耳朵里抠了两下，我忽然想到有一阵子没挖耳朵了。

我说："给我挖挖吧。"平时我最喜欢 Carol 帮我挖耳朵，她挖得可舒服了。Carol 爽快地说："好。"话音刚落，只见她若有所思，然后认真地说:"将来我想做一个圣诞'挖耳'人,在圣诞前夜帮全世界的孩子挖干净耳朵。"

哈,这样的一个想法,从一个已经 23 岁的年轻人口中脱口而出,貌似有些幼稚,但我却为此而感到欣慰。产生这样一个充满童真和爱意的梦想,除了缘于她与生俱来的善良外,这部电影的魅力与影响也是显而易见的,它激发了人的本真,并带给我们每个人巨大的心灵启发与碰撞!

爱,是世界上最美的礼物!

在看一部电影的同时,其主题曲和音乐通常也是我们是否喜欢这部电影的一个非常直截了当的评判标准。有的是因为喜欢这部电影而喜欢上了它的插曲,也有的则是因为喜欢某段插曲才去看电影,然后喜欢上这部电影的。

很多年过去了,有些电影中的细节可能早已忘却,但偶尔听到其中的插曲仍然还会让我们想起那部电影。

如今,Carol 早已有了自己喜欢看的电影类型,而且,我们在一起看电影的时间也越来越少,不过每次当她回家的时候,她总会跟我看同一部电影,我知道,这其实是她珍惜和我在一起的一种表现!

现在,她和小塔有时候也会主动约我一同去电影院。

Carol 知道我爱看悬疑片,所以经常会动用各种渠道打探消息,然后打电话给我:"妈妈,我知道现在有个悬疑片好像还蛮不错的,你可以看看。"

家庭朗读比赛——录制爱的故事

Rainbow 手绘
《你笑起来可爱极了》封面

1. 听 Rainbow 讲故事

Carol 刚出生没多久，我就开始每天晚上给她讲故事，这几乎成了她睡觉前的一个重要"仪式"。毫不夸张地说，每个晚上她都是在我的声音陪伴下进入梦乡的，直到她日渐长大。

2015 年夏天我突然接到朋友 Lulu 的电话，邀请我和 Carol 参加一个家庭朗读比赛。我很快就答应了下来，因为我觉得这是一个很棒的想法，让我和 Carol 可以再次重温那段旧日时光。

在商量朗读比赛内容时，我俩同时想到了一个我们都特别喜欢的故事《你笑起来可爱极了》。这是一个有关妈妈、孩子和爱的故事，我们决定用中英文双语来讲述这个故事。

随后便在网上分别订购了这本故事书的中英文两个版本，中文版被快递到我在浦东的家，而英文版则被快递到女儿在浦西的家。

那段时间，一起讲故事似乎成了我和 Carol 之间的一个连接纽带，我们对此都充满了好奇与期待。可惜一直都没能找到两个人凑到一块儿录制这个故事的时间，以至于最终参与朗读比赛的计划被搁置。不过，在准备比赛的整个过程中，却意外地让我和 Carol 得以重温了那段几乎已被遗忘了的、一起讲故事、听故事的美丽时光。

2. 听 Carol 讲故事

Carol 高中间隔年时，曾和一位阿根廷裔美国人一起合伙办了一个专给老外孩子举办生日派对的"Party Smarty"。在举办过的几十场生日派对上，给孩子们讲英文故事是其中的一个重要环节。

每次派对前，Carol 都要亲手画一本又大又宽的故事书。看着她趴在地上，长时间投入地画着，同时又看着这些故事中的人物在她笔下慢慢成形，到最后生动地"站"在你面前，每每此时，都是我觉得最享受的一刻！

于是，从那时候起，我便将其中保留下来的几本故事书中的画一张一张拍下来，然后再让 Carol 把这些故事内容录在电脑上，并用 PPT 制作成一套 *Carol Story Time*。

在 *Carol Story Time* 的很多故事当中，《你笑起来可爱极了》是我和 Carol 最喜欢的一个。

每次听，都会让我回想起那个坐在我身边，缠着我一遍又一遍讲故事的小女孩 Carol。

艺术培养：打破学习界限，将整个世界作为孩子的课堂

我在想，倘若这世界上真有时光机存在，真想穿梭回去，然后停留在女儿 Carol 听我讲故事的那一刻，永远不要往前走！

希望以后我们俩能找到一小段时间，在一起静静地、专心地合说一个，或两三个，甚至更多的故事。

让我们一起热爱古典音乐吧

1. 没有什么比音乐更适合来表达我自己的了

我们为什么要学音乐？就像阅读、学中文，这些都是输入，而写作是输出。听音乐、学乐器，这些也都是输入，作曲则是输出。相较于文字写作来讲，音乐的形态可能更为抽象，所以不是每个人都能成为作曲者。那么既然不能成为作曲者，为什么还要学音乐呢？

在回答这个问题之前，我想说写作其实也并非容易，不是每个人都可以成为作家，那为什么还有那么多人在坚持写作呢？我个人以为就是为了表达，表达自己的真切感受。音乐也一样，包括绘画、摄影，都是表达自我与情感的一种工具。这也是所有艺术最基本的一个功能。

我六岁开始学弹钢琴。小时候每天除了完成功课，其余时间几乎就是练琴了。那时候谈不上喜欢，只是慢慢地变成了一种习惯而已。

真正开始喜欢弹琴是我初中时自己写了首曲子，将它献给去世多年的妈妈。

七八岁时，妈妈因患乳腺癌去世，我对于她的所有记忆除了她去世前因病痛折磨而变形的那张脸，还有就是那幅放在钢琴上的肖像画，父亲说，那是妈妈的一位画家朋友给她画的。

这首取名为《思》的钢琴曲，其灵感就是来自妈妈的这幅肖像画。我将自己对妈妈的所有印象、回忆以及思念都写进了曲子里。

那首曲子让我真正感受到了用音乐来表达的畅快，我开始拼命地作曲，它让我意识到前面所有的练习就好像是为了这一刻的到来做铺垫、做准备的。表达是需要有技巧来支撑的，当你的音乐技巧达到一定程度时，你的表达才会更自由、更顺畅。

我周围的朋友，家中的适龄孩子几乎都在学乐器。

那么学乐器究竟是为了什么？是为了考级，还是作为一种爱好，抑或是为了具备一定的音乐鉴赏力？其实都对。

在我看来，学什么乐器并不重要，重要的是在这个学习过程中，学会如何聆听与欣赏音乐，如何用音乐来表达情感与自我，并最终发自内心地热爱音乐。

19岁时，为申请美国茱莉亚音乐学院，我曾整整一年拼命练习莫扎特的作品。他的作品通透纯净、明亮灿烂，自在欢乐，犹如一缕"永恒的阳光"，所有这些特质让我从此爱上了莫扎特，并成为我的音乐至爱。

至今仍记得当时导师一再强调，演奏莫扎特的作品，触键要干净、呼吸要流畅、乐句的线条要渐强渐弱。这些语录伴随着日复一日的刻苦练习，以及每次练完琴后琴凳上所留下的一大摊汗水等记忆，都已深深地融在了我的血液中，任凭岁月如何冲刷都无法抹去……

从上海音乐学院毕业至今已经有二十多年了。虽然现在我并未从事音乐专业方面的工作，但在我的生活中有个时髦的词叫"音乐+"，意思就是音乐与我的生活各要素间"相加"，紧密关联、互相渗透。

我想音乐将是我这辈子永远不变的情人，而莫扎特则是情人中的至爱。

2. 孩子们的音乐游戏——Rainbow牌音乐魔法盒

这套"Rainbow牌音乐魔法盒·扑克牌"还是很多年前在做一套幼儿音乐启蒙课程时的一个创意。扑克牌中的这些画选用的都是孩子们初学钢琴时的教材《汤普森》中的插图，我将这个系列命名为"汤普森爷爷的魔法盒"。

Rainbow牌音乐魔法盒·扑克牌

这套魔法盒系列旨在通过魔术与游戏的方式，帮助孩子们更好地理解、把握每首曲子的情绪、节奏与意境，同时真正感受到音乐的乐趣所在。

故事讲的是魔法师汤普森爷爷，他有一个极其神秘的音乐魔法盒，里面有10张扑克牌，每张扑克牌上都有一张图片。孩子们任意选择其中一张扑克牌，魔法师汤普森爷爷都能从这10张扑克牌中，把它准确无误地找出来。

当时设计这套课程时自己还不会画，只能请美编在电脑上画出来。

不过现在这套魔法盒可是我自己用了整整一下午画成的。因为时间有限，最后越画越快，越画越粗糙，尤其是那些用毛笔画的黑框直线，因为笔头太软没画直，成了这套扑克牌的最大败笔！

如果你家中有幼儿初学钢琴的话，建议你可以用这套扑克牌和他们玩一个音乐游戏。

第一步，事先在汤普森钢琴谱中找出这些曲目，并让孩子分别练熟；

第二步，准备一顶魔术帽与一根魔法棒，将自己扮成一位魔法师；

第三步，让孩子任意选择其中一张扑克牌，并让你的先生或太太帮助孩子在纸上记录下它在扑克牌上的标志（红桃Q或方块K等）；

第四步，让孩子找到扑克牌上的曲目，并在钢琴上将它弹出来；

艺术培养：打破学习界限，将整个世界作为孩子的课堂

第五步，你可以根据这首钢琴曲的节奏、情绪或意境，将扑克牌中的画面与之相对应，然后将孩子选的那张扑克牌从中找出来。

如果你每次都能准确无误地找出那张扑克牌，那你在孩子的心目中就变成了一个真正的魔法师。

当然，可别忘了告诉你的孩子，你的这套魔法是从"Rainbow 魔法学校"学来的，教你的那位神奇的魔法老师叫 Rainbow！

3. Bowbow 和 Bobby 的《婚礼进行曲》

我已经有很多年不教钢琴了，但英国女孩 Amelie 是个例外。五年前，在她爸爸的执拗坚持下，我破例教了她两年钢琴。

Rainbow 临摹琴谱作品之一·
钟声

跟大多数钢琴老师要求孩子们保持琴谱干净整洁不同，我在教钢琴时，常常喜欢让他们在自己的琴谱上，用彩笔画一些小画、涂色，或是做一些醒目的段落及练习时间的标记，还会让他们郑重地在那一页上写上自己的名字，表示这是他们学过并演奏过的一首曲目，就像是一本专属于他们自己的钢琴音乐故事绘本。

在学完了《婚礼进行曲》后，我对 Amelie 说："我们要在钢

Rainbow 临摹琴谱作品之二·
婚礼进行曲

琴上'举行'一场婚礼,谁会是这场婚礼的主角呢?"

于是她在琴谱空白处画上了手牵着手的新郎新娘。新郎穿着蓝色加黄色礼服,新娘穿着紫色长裙,中间还画了一颗红心。

画完后,她拉着我的手"奔"向她的房间,给我看她所画的这两个人的原型,然后又"奔"回钢琴旁边,将两个原型娃娃放在钢琴上,同时叫上了她的妈妈和两个哥哥、一个弟弟,最后煞有其事地宣布:婚礼正式开始!

Rainbow 临摹琴谱作品之三·
星光圆舞曲

艺术培养:打破学习界限,将整个世界作为孩子的课堂

哇！瞬间，黑白琴键、五线谱、新郎新娘，随着《婚礼进行曲》的旋律与鼓掌欢呼声，都一起"动"了起来！

就在我写这段文字时，还依然记得她演奏时眉飞色舞的幸福神情！哈哈，她当时实在是"入戏"太深了！

更美妙的是，她给那位新娘起的名字居然是 Bow Bow（我英文名字的最后三个字母的叠音）！至于新郎的名字，我忘了！

2017 年 4 月假期遇到她时，我问她："你还记得你当时给新郎起了什么名字吗？"她诡异地笑了笑，然后毫不含糊、清清楚楚地告诉我："Bobby！"

Rainbow 临摹琴谱作品之四·
苏格兰蓝铃草

4. 如果你错过了童年时最好的学琴时机

有一天，Carol 说小塔要学弹钢琴。她说，他从未学过，五线谱也不怎么认识，完全就是零基础。

哇，一开始我只当是玩票性质的，却没想到是真心想学。为此我专门"备了课"，打算让小塔学弹一首汤普森钢琴曲中的基础曲目《钟声》，等他会弹之后，把它录下来，可以当闹铃。

坐在钢琴前，小塔既虔诚又认真。还没开始，一旁的 Carol 突然坐到钢琴前抢先弹了起来。

她弹的这首曲子是她小时候跟我们一起泡录音棚时,应晓堤老师教她即兴弹奏的。十多年过去了,她居然还记得一清二楚,一个音都没落下。

这首曲子旋律简单,但弹奏方式却相当有趣。它完全不用手指,而是将两手握成拳头,然后在五个黑键上通过左右滚动的方式来演奏。

Carol 在作示范演奏

于是我临时改变主意,决定让小塔学 Carol 弹的这首保留曲目。小塔对此表现出极大的兴趣。

经过了几个回合的教和练,不到半小时时间,小塔已基本掌握了这首曲子的旋律及其弹法。看来小塔还蛮有天分的,当然老师更是有方法。

小塔人生中的第一次演奏,也是他的第一个"个人演奏会"曲目是《黑键上的精灵》(曲名是我起的)。

全曲弹完,小塔开心地大笑了起来,想必他一定是感受到了音乐不仅是美的,更是有趣的。当中弹错时,他发出了一声与我家猫咪像极了的叫声,给整个演奏添加了一笔奇特的色彩。

小塔学会演奏的第二首钢琴曲是《星光圆舞曲》,一个好听的、浪漫的曲名。在 Carol 的左手伴奏下,小塔认真地弹完了其中一个乐段的右手旋律部分。

看似这么一小段旋律,但对于既不识五线谱,又从未学过钢琴

艺术培养:打破学习界限,将整个世界作为孩子的课堂

的小塔而言，这却是他的一大步！要恭喜小塔，从2017年下半年伊始，不小心让自己成了一位"业余钢琴演奏者"，这可能连他自己都始料未及吧。

教小塔的这两节钢琴课不仅让我重拾了钢琴老师的旧业，同时也让我开始重新审视并思考成人钢琴教育的一些相关问题。如果说一个可能错过了传统概念上学琴的最好年纪，并且从未接触过，甚至不懂五线谱的成人钢琴学习者，他要如何才能开始接触、学弹钢琴呢？

我觉得这其中有两个很重要的因素。

第一个重要因素：学琴的那个人心态。为什么学？有没有做过一些相应的心理准备？

首先他内心需要有种强烈的、想去学的欲望与冲动，如果没有，不学也罢。

拿小塔来说，他想学钢琴，是因为他教Carol跳"莎莎"，Carol则教他弹钢琴，以此作为一种交叉互补的形式，来丰富他们的业余生活与交流话题。

其次，仅有想学的动机是不够的，还要具备相应的学习态度与特质。

还是拿小塔来举例，虽然他连谱子都不会看，音阶也不会弹，但在他身上却有种对音乐、对钢琴的浓烈好奇心，包括认真对待的一种态度与特质，这是我最为欣赏他的一点。

当然，有了上面两点还不够，还要养成一些行之有效的练习习惯与心态。

如果说你想清楚了上述三点，我敢说，你基本上做好了入门学琴的一些必要准备。

第二个重要因素：教你钢琴的那个人，也就是说你要找到一位"会教"的钢琴老师。

所谓会教主要体现在：教什么，怎么教。一句话，就是要有方法。

首先，成人学钢琴主要以兴趣、快速、有成效作为诉求目标，所以不需要遵循传统意义上的那种"循规蹈矩"，比如说手型，甚至识谱等诸多方面，至少在开头几节课并不那么重要。

拿第一节课中小塔学会演奏的那首钢琴曲《黑键上的精灵》来说，选择这首乐曲纯粹就是好玩，因为好玩了才会有兴趣学，所以曲目选择很重要。

当然，除乐曲本身特点外，还要兼顾到学钢琴的那个人的个性、脾气、练习习惯、喜欢的音乐风格等诸多方面，所有这些都与曲目的选择有着最直接的关联性。

其次，"会教"的老师要善于根据每位学生的具体情况及时变通与调整。

比如这首《星光圆舞曲》，对于一位只上过一次钢琴课的初学者来讲，根本就是一项不可能完成的任务。

之所以选择这首乐曲，首先是因为考虑到有 Carol 在（如果没有这样一个角色，老师本人即可替代），于是我将这首乐曲的左右手部分拆开，让他们两个人各自来完成，并且只选择学习其中第一乐段。这样既达到一定的目标要求，又大大降低其难度系数，让人感觉并不那么遥不可及。更重要的是，这种好玩的演奏形式及其过程无形中推进了他们彼此的亲密关系。

另外，考虑到小塔不识五线谱，如何帮助他记忆旋律同样需要一定的方法。

继续拿这首《星光圆舞曲》来讲，首先将第一乐段中两句重复的句子拆开，然后再将其中一句拆分成两个较短的短句。这样通过拆分，循序渐进地做记忆练习，有助于学习者在最短的时间内，迅速有效地记住这条旋律。

如果说你具备了上述这两个重要因素，那就开始学吧！

切记：一开始不要对自己有太多或过高的要求，每次只要为自己设立一个小小的目标，并为之努力去达成它，且自己觉得舒服、自在就行！

5. "古典音乐晚餐"——一份音乐传记影片菜单

Carol 曾问我："怎样才能最快、最直接地了解古典音乐？"我回答说："去看看音乐传记电影或纪录片吧！"

当然，了解古典音乐的途径有很多种。我之所以这样回答，不仅是因为音乐传记电影及纪录片所具有的那种毋庸置疑的魅力和影响力，同样也是基于我对 Carol 的了解。她是那种天生就爱电影的人，对她而言，这无疑是她走近，并亲近古典音乐的一个最为直接的渠道和窗口：既可以听到音乐家的音乐，又可以通过镜头捕捉到其鲜为人知的生活细节，从而帮助她全面地了解这位音乐家的生命轨迹、音乐风格及特征。

以下是我为 Carol 准备的一套古典音乐晚餐之菜单。我说："就让我们挤出些时间，从中挑选些经典食材，一起品尝这份大餐吧！"

（1）巴洛克之盛宴系列

  《魅影歌声》（亨德尔）

  《巴赫：激情的一生》（巴赫）

（2）古典之经典系列

  《莫扎特传》（莫扎特）

  《不朽真情》（贝多芬）

（3）浪漫之诗意与幻想系列

  《春天交响曲》（舒曼）

  《翠堤春晓》（施特劳斯）

  《一曲相思未了情》（李斯特）

  《一曲难忘》（肖邦）

  《柴可夫斯基》（柴可夫斯基）

  《马勒传》（马勒）

  《挪威之歌》（格里格）

  《西贝柳斯传》（西贝柳斯）

（4）美味调配之音乐厨师（演奏家、歌唱家）系列

  《她比烟花寂寞》（杜普蕾）

《狂恋大提琴之杜普蕾》(杜普蕾)

《伟大的卡鲁索》(卡鲁索)

《卡拉斯-生活与艺术》(卡拉斯)

Rainbow 手绘作品·莫扎特

在这份详尽的清单中,《莫扎特传》是我俩最爱的一部音乐传记电影。通过这部电影,她不仅对莫扎特的生平有了一个大致的了解,同时也从中接触了大量的莫扎特作品,更重要的是,她由此爱上了莫扎特的音乐。

2015 年 11 月 2 日,我 49 岁生日的当天中午,Carol 通过私信送了份生日礼物给我:一段由她亲自演奏钢琴的珍贵视频。

之所以说它珍贵,首先是因为她弹的这首作品是我最爱的莫扎特的《第十六钢琴奏鸣曲》;其次是因为这段钢琴演奏算是 Carol 中断钢琴学习近十几年之后的一次荧屏首秀!

Carol 五六岁时,我曾教她学过一年多钢琴,因为不感兴趣,就没再继续学下去。

后来，她还曾学过小提琴、爵士鼓，虽说不上门门精通，但对音乐的热爱倒是随着年龄的增长而越来越浓厚。重要的是，音乐成了她生活中不可或缺的一位朋友，也成为她妥帖表达、传递情感的一种路径，甚至已成为她的一种生活方式！

就在那个生日的前两个星期，她约我给她突击辅导，练了一个多小时，曲目正是这段视频中她演奏的这首莫扎特《第十六钢琴奏鸣曲》第一乐章中的开头乐段。

从一开始完全磕磕碰碰、五音不全，到后来左右手渐渐变得配合默契，她硬是将原本充满着动感的快板旋律，弹成了一条既柔和抒情、又略带忧伤的慢板旋律，几乎颠覆了莫扎特的古典奏鸣曲第一乐章的风格。

哈哈，无论如何，我都要鼓掌——为她的勇气，为她的用心，为她这些发自肺腑的煽情"表白"！而且，客观地说，在这么短的时间内能练到如此水准，事实上我觉得她在钢琴演奏上还是有点小天分的。如果有时间练习，再弹些作品肯定没问题。

6. 重新点亮古典音乐那盏灯

有一年，Carol 回上海过寒假，突然对古典音乐又重新产生了兴趣。一天早晨，我们躺在床上，欣赏着威尔第的歌剧《茶花女》中的一段咏叹调，她若有所思地对我说："妈妈，你可不可以像以前那样为我推荐一些古典音乐作品听。"于是，我便以致女儿的音乐礼物为题，与那时尚在北京上学的 Carol 开始不定期地用微信方

Rainbow 手绘《101忠狗》剧照"罗杰、白佩蒂和斑点狗"

式分享一些古典音乐作品。

这份音乐礼物大致分为艺术歌曲、音乐剧、钢琴曲等不同种类的音乐体裁。

(1)两首艺术歌曲

艺术歌曲,通常特指欧洲古典音乐中的一种歌曲形式。它原本的意思是"一种用不同于歌剧与民歌的方法,令人领会到歌词中戏剧性内容的微妙艺术"。

艺术歌曲在德国被称之为Lied,以作曲家舒伯特和舒曼为代表,舒伯特的代表作是《野玫瑰》;在法国则被称为Melodie,以作曲家福瑞为代表,福瑞代表作是《爱的香颂》。

(2)两首音乐剧选段

音乐剧,又称为歌舞剧,是20世纪出现的一门集音乐、歌曲、舞蹈和对白为一体的综合舞台戏剧表演艺术。不同于歌剧的是,在音乐剧里没有宣叙调和咏叹调的区别,其歌唱方法也不一定是美声唱法，且常常运用些不同类型、通俗易懂的流行音乐。

最为大家所熟知的音乐剧有《音乐之声》《妈妈咪呀》《猫》《歌剧魅影》等。

《妈妈咪呀》中 Thank You for The Music 的选段：

我没有什么特别之处，

老实说我这个人还挺无聊的。

如果我说笑话，说不定你早就听过了。

但是，我有一项神奇的天赋，

因为当我开始唱歌，

每个人都会停下来听，

我心中既感激又骄傲，

我只想大声地唱出来。

因此我要说：

感谢你给我音乐，

将他们赐给了我，

感谢他们带来的欢乐……

此曲原为瑞典流行乐队 ABBA 合唱团于 20 世纪 70 年代演唱的一首经典名曲，后被选入音乐剧《妈妈咪呀》中。

（3）两首钢琴作品

我选取了印象派和古典乐派的钢琴音乐的典范作品德彪西的《月光》和莫扎特的《第十六钢琴奏鸣曲》分享给 Carol。

德彪西《月光》

印象主义是 19 世纪末欧洲的一个重要文艺运动，其名称来自法国画家莫奈的一幅风景画《日出·印象》。印象主义主要表现的是一种瞬间的视觉印象，其创作灵感往往来自当时创作时的心情及丰富多彩的大自然本身。印象派音乐正是在印象派绘画的影响下发展起来的。

作为印象派音乐代表的德彪西，他的钢琴作品极其重视色彩及音色效果，且音乐结构较为自由，常根据音块组合而成。

莫扎特《第十六钢琴奏鸣曲》

莫扎特是维也纳古典乐派的杰出代表，他共写有多首钢琴奏鸣曲、小提琴奏鸣曲以及钢琴与小提琴奏鸣曲，由此确立了维也纳古典乐派三个乐章的奏鸣曲套曲形式：奏鸣曲式的快板乐章，歌谣风格的慢板乐章以及回旋曲风格的快板终曲。

这首奏鸣曲充满着孩提般的纯净与透明，充满着灵性与动感，充分体现了作曲家天性中不拘世俗的性格特征。

之所以选这两首钢琴作品送给 Carol，是因为第一首是她特别特别喜欢的，她曾一遍一遍地听这首曲子。如果没记错的话，这是我第二次看见她如此专注、如此安静地听一首古典乐作品（第一次是她观看威尔第歌剧《茶花女》时）；而第二首的第二乐章是 Carol 自己弹过的曲目。

我给女儿附上了一段话："这些年，我一直替你'珍藏'着这两首对你而言极富意义的钢琴作品。现在，到了该由你自己收藏的时候了！"

此外，我还给女儿推荐了两首小提琴作品和两部歌剧作品。

包括门德尔松 e 小调小提琴协奏曲、贝多芬 d 小调小提琴协奏曲《春天奏鸣曲》，和具有中国元素的歌剧《图兰朵》、经典的威尔第歌剧《茶花女》。

7. 在《彼得与狼》中分辨出管弦乐器的音色

在 Carol 很小的时候，我常常会在家中用老唱机播放苏联作曲家普罗科菲耶夫的交响童话《彼得与狼》。这部交响童话是普罗柯菲耶夫于 1936 年应莫斯科中央儿童剧场之邀而写，并于当年儿童音乐节上进行了首演。

记得当时 Carol 一听到这部作品，就表示了极大的兴趣。每天晚上我都会播放其中一段主题。一段时间下来，Carol 不仅对这些角色的主题旋律耳熟能详，而且对于每个角色所用到的乐器音色也开始渐渐熟悉了起来。

随后我又找到了这部作品的木偶剧版本的录像，和她一起无数遍地观看。这些潜移默化的渗透，无意间为 Carol 打开了一扇音乐心门。

后来她曾多次在她的电视新闻短片中用过彼得的主题旋律，而且还把其中所用到的一些乐器全都画了下来。

正是受到这个启发，2000 年我在办学校时曾以这部作品为蓝本，写了一部音乐童话剧,在原有基础上,又相应添加了些角色,然后将这些角色在不同场次中的对话分给了不同孩子来扮演,让全校的学生都得以有机会参与了这部音乐剧的演出,广受孩子们的喜爱。

关于《彼得与狼》中的角色

在这个音乐童话中,作曲家分别设计了彼得、爷爷、猫、鸭子、小鸟和狼等角色,并分别用不同的乐器演奏短小的旋律主题来代表这些角色。

长笛音色扮演小鸟。

长笛 Flute

双簧管音色扮演鸭子。

双簧管 Oboe

单簧管在低音区的断奏扮演猫。

单簧管 Clarinet

弦乐音色扮演彼得。

弦乐 String（小提琴、中提琴、大提琴）

三支圆号的音色扮演狼。

圆号 Horn

最后，大管音色扮演爷爷，定音鼓和大鼓则代表猎人的枪声。上述乐器图均由 Carol 于 8 年前绘制。

《彼得与狼》中的故事旁白

作曲家亲自为这部作品编写了故事旁白。

一天清晨，彼得打开大门，走进屋前的大牧场。他的好朋友小鸟在树梢上叽叽喳喳欢叫着："这里多么宁静！"一只鸭子摇摇摆摆地走过来，因为彼得忘了关门，它高兴极了，决定趁此机会到牧场的深水池中去游个痛快。

小鸟看见鸭子，就飞到鸭子旁边的草地上说："你连飞都不会，也算是鸟吗？"鸭子不甘示弱地说："你连游泳都不会，还算是鸟吗？"说着说着，鸭子就扑通一声跳进了池塘。鸭子不停地游啊游，小鸟也在池塘边不停地跳啊跳，它们争吵不休。

突然，彼得在草丛中发现了一只猫。猫蹑手蹑脚地爬过草地，溜到小鸟后面想去抓小鸟。

"当心！"彼得叫了起来，小鸟"嗖"的一声飞上了树枝。鸭子见了很生气，对着猫愤怒地嘎嘎叫。猫绕着树转了一圈，心想：该不该爬上去呢？恐怕还没爬到，小鸟就飞走了。

这时候，爷爷来了，他看见彼得跑进牧场非常生气，大声说："这里是个危险的地方，万一有狼从森林中跑出来那可不得了。"彼得毫不在乎爷爷的警告，因为像他这样的少先队员是什么都不怕的。爷爷气呼呼地拉住彼得的手，将他拖进屋里，还加了把大锁。

彼得离开不久，果然从树林里钻出了一只狼。猫一眼就看到了，吓得马上爬到了树上。鸭子惊慌失措地从池塘里跳了出来，它拼命地跑啊跑，狼在后面不停地追啊追，最后，狼抓住了鸭子，一口将它吞进了肚子里。

现在猫蹲在树枝上，小鸟在树枝的另一端。狼在树下转来转去，用贪婪的眼睛望着它们。

彼得注视着门外发生的一切。他在屋子里找到了一根绳子，随后又爬上了高高的围墙,顺着树枝爬上了大树。

彼得对停在树梢上的小鸟轻轻地叫道:"小鸟,飞下去,在狼的头顶上转圈圈。不过要小心,别让他抓住。"

小鸟差不多飞得连翅膀都要碰到狼的脑袋了。狼气呼呼地直喘气,一点办法也没有。彼得做了个绳套,小心翼翼地放下树,一下子就套住了狼的尾巴,然后死死地用力拉紧。

狼感到自己被套住了,拼命挣扎。但彼得已经将绳子的另一头牢牢地拴在大树上。狼越挣扎,绳索勒得越紧。这时,几个猎人循着狼的足迹从森林里走了出来,他们一边走,一边开枪。

彼得在树上大声喊:"别开枪!小鸟和我已经把狼抓住了。请帮我们把它送到动物园去吧。"

现在请想象一支凯旋的队伍吧:前面领头的是彼得,后面则是押着狼的猎人。爷爷和猫走在最后。小鸟在大伙头上旋舞,它快活地叫着:"瞧我们多神气,大家快来看我们抓住了什么!"爷爷摇着头说:"还好抓住了,如果彼得没把狼抓住,那可真是不得了。"

这时候如果你仔细听,还能听到鸭子在狼的肚子里发出的叫声。那是因为狼吞得太急了,鸭子在狼的肚子里还活着呢。

当你听完木偶版《彼得与狼》后,再来观看这部奥斯卡获奖短片《彼得与狼》,相信你对这部作品会有一个更深入的聆听经验。

也许你并不奢望让孩子成为音乐家或演奏家,可是你一定希望他热爱音乐。所以,在他很小的时候播种一粒古典音乐的种子,有一天它终将会开花、结果。无论如何,让我们和孩子一起来热爱音乐吧!

8. 我把"猫·鼠音乐大战"四部曲画给你"听"

Rainbow 手绘作品 · *Tom & Jerry*

给古典音乐穿上卡通外衣，迪士尼动画堪称典范。在迪士尼动画的众多配乐中，古典音乐占据了相当大的比例，而且音乐与动画中角色的表情、肢体及动作节奏完全是同步的，因而被称之为"可以看的古典音乐作品"。这些"可以看"的古典音乐正是 Carol 小时候最早听到的古典音乐作品之一。

不用太在意她是否真的在听，或者说是否真的听得懂，重要的是，这是一粒在潜移默化且无意识中种下的音乐启蒙种子，有一天终将会开花、结果。我想，这也正是迪士尼动画中运用古典音乐配乐的真正用意所在。

这四部曲是我和 Carol 的"压箱底"之作，我把它们画给你"听"。
"猫·鼠音乐大战"四部曲——迪士尼音乐动画系列

第一部：《猫儿协奏曲》

猫·鼠钢琴大战——Jerry 鼠完胜 Tom 猫！

（配乐选自李斯特《匈牙利狂想曲》No.2）

Rainbow 手绘作品·猫儿协奏曲

第二部：《万能指挥家》

猫·鼠指挥大战——Jerry 鼠再胜 Tom 猫！

（配乐选自约翰·施特劳斯《蝙蝠序曲》）

Rainbow 手绘作品·万能指挥家

第三部：《汤姆猫演唱会》

猫·鼠歌剧大战—Jerry 鼠又一次完胜 Tom 猫！

（配乐选自罗西尼歌剧《塞尔维亚理发师》）

Rainbow 手绘作品 汤姆猫演唱会

艺术培养：打破学习界限，将整个世界作为孩子的课堂

第四部:《约翰老鼠》

猫弹琴来鼠跳舞,猫·鼠大战上演《天仙配》,最终以双方握手言和而暂时落幕!

(配乐选自约翰·施特劳斯《蓝色多瑙河》《皇帝圆舞曲》《闲聊波尔卡》)

Rainbow 手绘作品·约翰老鼠

9. 四位顶级指挥家,谁是你的菜

1987年维也纳新年音乐会快结束时,乐队按惯例演奏起了老施特劳斯的《拉德斯基进行曲》,观众们情不自禁地和着节拍鼓起了掌。原本沉浸在音乐中的指挥界泰斗卡拉扬若有所思地转过身,亲自指挥观众随着音乐的强弱及节奏有序地鼓掌。自此,将击掌声作为一种独特"乐器"纳入到整个乐队演奏中,成为每年维也纳新年音乐会的一个传统。在神奇的指挥棒引领下,现场观众的掌声往往将新年音乐会的气氛推向一个高潮。

有意思的是,不同的指挥家,其最终呈现出的场面与效果常常会大不相同。每位指挥与观众互动时的不同方式,既体现了他们的

四位男神（从左至右）：杜达梅尔、巴伦博依姆、莫斯特、卡拉扬

指挥风格，也体现了他们的人格魅力。我特意选了四位顶级指挥家指挥的《拉德斯基进行曲》来做一个有趣比较，看看这四位指挥男神中，究竟哪位是最合你口味的菜。也请大家猜猜看哪位是我的菜。

男神编号：No.1

男神花名：赫伯特·冯·卡拉扬（Herbert Von Karajan）

男神特质：

沉着笃定、霸气外露；气度不凡的舞台掌控力，俨然一位音乐大将军，尽显大师风范！具体大家可以去观看1987年维也纳新年音乐会卡拉扬指挥《拉德斯基进行曲》的视频。

男神编号：No.2

男神花名：丹尼尔·巴伦博依姆（Daniel Barenboim）

男神特质：

表情丰富、夸张幽默，好比是音乐中的莎士比亚，极富戏剧性张力！

具体大家可以去观看巴伦博依姆2009年维也纳新年音乐会指挥《拉德斯基进行曲》的视频。

指挥花絮：

整个指挥过程中，巴伦勃依姆始终"不计形象"地做出一些搞怪表情。尤为注意该视频 16 秒处，这是我很喜欢的一个桥段，他的表情分明带有一种开玩笑似的"挑衅"，就像是在对观众说："要不，我让位，你来试试？"而且类似这样搞怪的桥段在这短短 3 分多钟的视频中屡见不鲜。

男神编号：No.3

男神花名：弗朗兹·威尔瑟 – 莫斯特（Franz Welser-Möst）

男神特质：

时而谨慎、时而夸张、时而优雅、时而冷静；低调而不张扬。挺拔的身姿、细边眼镜，一副音乐绅士做派。具体大家可以去观看莫斯特 2011 年维也纳新年音乐会指挥《拉德斯基进行曲》的视频。

指挥花絮：

乐曲开头时，莫斯特边用双手打着节拍，边口中念念有词，数着拍子，几秒钟过后就像突然醒悟一般，指挥起全场一起击掌，显示了这位绅士冷面滑稽的一面。

男神编号：No.4

男神花名：古斯塔夫·杜达梅尔（Gustavo Dudamel）

男神特质：

疾速的节奏，快乐明亮、一气呵成，犹如被施了魔法一般跳跃与飞舞，就像是一位奔跑中的音乐骑士！

具体大家可以去观看杜达梅儿指挥《拉德斯基进行曲》的视频。虽然不是维也纳新年版本，但却是我最喜欢的，而且这也是迄今为止我所听到过的，演奏速度最快、情绪最欢乐的一个版本。

指挥花絮：

杜达梅尔是一路小跑上舞台的，那头卷发处处彰显其鬼马精灵的一面，尤其是他迷人的笑容，估计在现场听，一定会不由自主地被指挥本人的魅力所吸引，而将思绪飘出音乐之外。

你如果稍加留意，会注意到其中一个细节，那就是当杜达梅尔指挥台下观众时，常会用他左手指做出弹琴状，在看似不经意的动作当中将观众的情绪慢慢调动起来，直至高潮。

看了四位男神指挥的《拉德斯基进行曲》，你觉得究竟哪位是你的菜，哪位又是我的菜呢？

10. 当迈克尔遇上莫扎特

当单纯简单，颇具抒情气质的莫扎特遇见了迈克尔·杰克逊（具体大家可以观看视频"当迈克尔遇上莫扎特"），不曾想两者间竟然产生出一种意想不到的化学作用，就像被重新激活似的。除了钢琴在某些段落中继续保持了莫扎特音乐一如既往的明亮与流畅，一些被巧妙结合的全新元素则让我想起第一次听到新古典主义时期代表作曲家斯特拉文斯基作品《春之祭》时所带给我的那份难忘的聆听经验：一种延绵不断、无穷动、神秘的旋律走向，以及充满着原

Rainbow 手绘作品 · Michael Meets Mozart

始粗狂、带有明显男性特征力量的节奏律动，最终在极度的激烈与冲突中达到高潮，并缓缓趋于平静。

如此震撼力，完全超出了我对莫扎特音乐的所有想象！这是在他的音乐中从未有过，也不可能有的，或许只有遇见了迈克尔·杰克逊，才能让莫扎特获得颠覆性的重生！

不妨试想一下，如果莫扎特还在世的话，当他坐在现场亲耳聆听了视频中两位音乐家的这段"实验性"合作之后，会做何感想？

根据音乐史料记载，莫扎特是个不折不扣的音乐顽童，童年时的莫扎特常会在钢琴上玩一些新花样，时而反弹钢琴，时而又正弹钢琴。

于是，我进而大胆猜想，坐在台下的莫扎特，此时一定会大笑着，冲动地大步跳上舞台，执意要与这两位音乐家同台飙技，说不定比他们还要出彩呢！

或许他会竭尽可能地尝试不同方法，运用钢琴乐器本身的各个部位——琴板、琴盖、琴凳、踏板,甚至弹簧,以重新建立一种新的钢琴语言!

11. "莫非我爱的是个梦?"——聆听印象派音乐家德彪西的三部作品

Rainbow 手绘作品·德彪西

第一部作品:《阿拉伯风格曲第一号》

说起法国印象派作曲家德彪西,几乎马上能想到的就是他那首钢琴代表作品《月光》了。不过,我弹的第一首德彪西的钢琴曲并不是《月光》,而是这首《阿拉伯风格曲第一号》。

第一次听杨立清老师在钢琴上弹出前面几小节时,就被它自然流淌出来的一种东方韵味深深折服了。因为好听,当时仅用了两天时间就把这首曲子给弹熟了。

从钢琴技巧来讲,这首曲子是有些难度的,其左右手之间不断切换的三连音特征，通常会让演奏者感觉比较难以把握，但恰巧正是这种节奏的相互交错，让乐曲呈现出一种五光十色、变幻莫测的音乐样貌：时而行云流水，时而飘忽迷离，恰似一种游离于梦境般的灵动感觉。

德彪西共写有两首《阿拉伯风格曲》，这两首都是德彪西较为早期的作品。

第二部作品：《牧神午后》前奏曲

作为一个十足的法国人，德彪西的作品体现出法国人所特有的一种优美与雅致。

德彪西的音乐作品受到了当时印象派文学及绘画方面的影响。他与象征主义诗人马拉美之间关系甚密，这种关系让他对法国语言的独特节奏模式非常感兴趣。比如在法语中一般尽量会避免使用重音，这点在他的音乐中表现得尤为明显。

这部管弦乐前奏曲《牧神午后》创作于1892年，整部作品与马拉美的同名诗歌紧密相关，诗人自己甚至认为德彪西的音乐演绎超过了他诗歌本身的魅力。

作品主要描绘了一个炎炎夏日的午后，牧神在睡梦中与森林女神相拥，当牧神苏醒后再次回忆起美丽的梦境。

莫非我爱的是个梦？
我的疑问有如一堆古夜的黑影
终结于无数的细枝，而仍是真的树林，

证明孤独的我献给了我自身——

唉！一束祝捷玫瑰的理想的假象。

——摘自马拉美《牧神午后》

第三部作品：《大海》

交响诗《大海》是德彪西的另一首管弦乐作品，共有三个乐章：第一乐章"从黎明到中午"第二乐章"波浪的游戏"，第三乐章"风和海的对话"。

作品采用了丰富的配器手法，以及自由崭新的和声语汇，就像是重新经过调配的颜料被涂抹在画布上，构成了一幅辽阔的地中海画面：有时候平静、温柔，令人向往；有时候却汹涌、澎湃，令人恐惧。

这部作品堪称20世纪音乐中的一部杰作。

Rainbow 手绘作品·大海

艺术培养：打破学习界限，将整个世界作为孩子的课堂

12. 鼻尖都快要触碰到琴键了……

Carol 曾在微信上发过一首古典音乐作品：巴赫的《f 小调第五钢琴协奏曲》的第二乐章，由古尔德（Glenn Gould）演奏。她这样写道：The oak tree or the eagle would be bemused by such a question. "What time？" they would ask. "Well, of course, it's now. The time is now. What else is there？" —— Eckhart Tolle

（若你向橡树和老鹰询问时间，它们会不知所措地反问你："除了此时此刻还存在其他时间吗？"）

她说，她读到这段话，觉得很美，就像听到这部作品一样，有种相匹配的美。

有时候，音乐并不需要你说出所以然，只需要你带着你的一双耳朵，还有你的一颗心去听就可以了。因为耳朵让你听到美，而心则让你感受到美。

演奏这首作品的古尔德是位钢琴"怪才"，他常常喜欢边弹琴

Rainbow 速写作品·钢琴怪才
——古尔德

边哼唱。我第一次听到并为之震撼是听他演奏贝多芬的《第五钢琴协奏曲》慢板乐章，从此欲罢不能！

后来，无论我自己弹琴还是教学生，由此而养成了歌唱的习惯，一定会把旋律从心底唱出来。

坐在一把特别的小椅子上，口中念念有词，摇头晃脑，旁若无人，有时候甚至把头低到鼻尖都快要触碰到琴键了……

就是这样一位与传统钢琴家不同的怪才，古尔德却被公认为是巴赫作品最好的诠释者。他常将巴赫的作品作为他的演奏会曲目，他曾三次录制过巴赫的《哥德堡变奏曲》，在他之前，这首曲目几乎被认为是一部不适合演奏、艰涩难懂的曲目。

有意思的是，古尔德第一次录制这首作品的时间一共花了 38 分 34 秒，而最后一次录制的时间则比第一次要多出 12 分 44 秒，为此有评价说：多出来的，是人生！

听他的演奏总能感觉到一种新的兴奋点，就像是发现一片新大陆似的，有种圣徒般的狂喜与圣洁。

大家可以参考观看视频：古尔德演奏巴赫《f 小调第五钢琴协奏曲》第三乐章"急板"，古尔德演奏巴赫的《哥德堡变奏曲》。

前面那幅速写，是我边听古尔德演奏巴赫的《哥德堡变奏曲》边画的一幅作品。画完之后，我大声地喊了出来：古尔德！那感觉就像是，我终于把我心中的那个你，画了出来！这是一幅速写，一气呵成，因为功底不够，画嘴巴时涂改了几次仍不满意。

13. 原来古典音乐一直都在她心里，从来没有离开过

一个从小就在古典音乐聆听环境中长大的孩子，古典音乐究竟对她会产生什么样的影响？长大成年后的她，在周遭一片充满着流行音乐气息的生活环境中还依然会保留着那双古典音乐的耳朵吗？

长久以来，这些时不时萦绕在我脑子里的问题，一直都没有找到答案。直到前不久，Carol 应邀担任 Beats 的网络直播主持人，看着她戴着耳机，完全浸沐在黑胶唱片的世界中，时而凝神关注、虔诚无比，时而欣喜万分、忘乎所以，那一刻，时光变得温暖、细腻，夹杂着一丝滋啦滋啦的独特音色，在有限的空间内无限旋转、蔓延……那个画面不禁让我又想起了以前那个坐在沙发上，跟我一起听老唱片的小女孩，我想我已经找到答案了。

从某种程度来讲，听音乐是一种习惯，喜欢听什么样的音乐也是一种习惯，虽然这种习惯会在人的不同年龄发生相应变化，但渗透到骨子里的那种习惯往往不会改变，它会在不经意当中自然地表露出来。

拿 Carol 来说，她听音乐的品味一直都很小众。有时候我们在一起时，常会听她播放一些比较怪异、独特的音乐。但尽管如此，打开她的手机，你仍然会发现其中储存了非常多的古典音乐曲目，从巴赫、莫扎特、贝多芬，到肖邦、门德尔松、舒伯特、瓦格纳，再到拉威尔、德彪西……涉及的音乐风格与体裁范围也都相当广泛。

当问 Carol 最喜欢的古典音乐作品有哪些时，她报出的那些曲

目名称，像德彪西的《月光》、莫扎特的《第十六钢琴奏鸣曲》、威尔第的《茶花女》中的咏叹调等，都出自于几年前我在那份"致女儿的音乐礼物"清单中所推荐的古典音乐曲目。原以为这么多年过去了，这些曲目可能早已被她偏好的爵士乐或电音所取代，没想到，日久天长，这些古典音乐旋律还是深深地被移植到了她的基因中，我想她这辈子都不会再改变了。

所以，想让孩子长大后成为一个热爱古典音乐的人，那么从小为他营造一个古典音乐的环境就显得相当重要。至于未来他具体会听哪个时期、哪种风格、哪位音乐家的作品，这是你无法掌控的，而且也没有必要去掌控。

值得一提的有趣现象是，作为 Carol 的古典音乐启蒙者，我自己现在大部分时间聆听的几乎都是流行音乐，有时候我会突然产生一种好玩的错觉：会不会是我和 Carol 身上的某些音乐基因在不知不觉中被互换了呢？结论是，除了聆听习惯，喜欢什么样的音乐跟聆听者的人生经历，以及当时的心境与状态也有很大关联。

2018 年 4 月的某个晚上，我和 Carol 去上海茂名南路上听了一场现场音乐会，之后我曾写过一篇随感："在现场，当我情不自禁地跟随音乐节奏击掌舞动时，当我跟随歌手一起高声合唱时……我突然意识到，一种发自内心对音乐的无限热爱已经深深地印刻在了我的血液里，成为一个永恒不变的基因，而这一切是我的爸爸妈妈所给予的，我只想感谢他们，谢谢你们！我爱你们！"

艺术培养：打破学习界限，将整个世界作为孩子的课堂

Rainbow 和 Carol 的绘本世界

跟那本《放在床头可随时翻看的古典音乐袖珍手册》一样，《Rainbow 和 Carol 的绘本世界》也是一份"致读者的礼物"。

这份礼物中的 6 个绘本都是从我和 Carol 临摹过的绘本故事中精选出来的，其中有 Carol 画的《最棒的复活节彩蛋》，还有我画的《猜猜我有多爱你》《跟你一样》等经典绘本作品。如果你也喜欢，不妨按图索骥找到这个绘本，和你的孩子一起阅读吧。

2017 年 1 月我决定开始学习简笔画。循着 Carol 的爱好，我找到了除音乐之外的另一种表达自我与创作的方式，而 Carol 则通过我的画，渐渐走进并读懂了我的内心世界。

Carol 说："以前，一直感觉你有很多想法，天马行空的，但并不知道这些想法从哪儿来，现在明白了。看到你对画画的执着，让我更了解你了，从你的画中，我看到了一个纯净、天真、自由自在的世界。我羡慕你。"

所以，《Rainbow 和 Carol 的绘本世界》并不只是一种简单的艺术作品，我更愿意把它看作是我和 Carol 之间心灵沟通与创造想象的一颗星球。

1. 我画了美国小学英语教材中的一个故事！

这是我根据美国小学教材·英语分级读物系列第四辑中的一个故事绘本画的。这套教材由美国著名的 Scott Foresman 少儿读物出版公司出版。

这还是在我们办学校时，为本校一年级学生中那些出生在国外，跟随父母来上海就读的外籍与港澳台学生特别引进的一套英语日常课程教材，至今仍保留在我的书架上。偶尔我也会翻看一下，不过，将它画下来，对我而言却是件很有意思且极富意义的事儿。

The same as you（跟你一样）这个故事通过一对祖孙女之间的对话，讲述了一个温馨的家庭故事，并传递了一个愿望：希望将勇敢、贤惠、聪明、好胜以及漂亮的家族特质能传承给下一代。我读罢不禁湿了眼眶。

一般而言，如果一个孩子问："妈妈小时候跟我像吗？"大人会即刻纠正："不能说'妈妈像我'，而应该说'我像妈妈'。"就像我常说我遗传了女儿 Carol 的画画基因，冥冥之中我觉得跟这个小故事之间似乎有种极其微妙及内在的相似之处，或许这就是我非常非常喜欢它的原因吧。

Rainbow 手绘作品 · *The same as you*

2. 你身边有没有这样一个人，在任何时候都让你感觉笃定与安静

这是 2017 年春节我去香港旅行时在诚品书店看到的一本故事绘本——《读书给狗儿波妮听》。当我一页一页翻看时，就想把整本书画下来讲给你听。

每个人的生活中一定会有一个特定的人，你跟他聊任何东西时都不会紧张。所以在台上时，你可以把台下的观众设想成那个人，当你演讲或表演时，感觉就好像在跟他很放松地聊天。或许一开始可能还会紧张，没关系，继续跟他说，当你越说越投入的时候自然就不紧张了。

从小到大，每当 Carol 参加演讲比赛或表演紧张时，我总是会让她把台下观众假想成我，就像是在跟我说话，以此来帮助她缓解心理压力及紧张情绪，屡试不爽。

你不妨也试一试，做一个深呼吸，假装他就在你身边。

Rainbow 手绘作品·读书给狗儿波妮听

3. 猜猜我有多爱你

《猜猜我有多爱你》是 2017 年我特意为母亲节和 Carol 而画的。

这是我和 Carol 爱了很久很久，而且很爱很爱的一个英文绘本故事。

爱一个人，就想告诉他：你有多爱他。尽管很难衡量，但我还是想说："我爱你，从这里一直到月亮上面，再绕回来！"

Rainbow 手绘作品·猜猜我有多爱你

4. 正月十五晚上人们为什么要举灯庆祝

这是 2016 年元宵节前夕，在我学画还不到一个月的时间画的第一本故事绘本。

2017 年在这本黑白绘本的基础上，上色且增画了两幅画，便构成了这本彩色版的故事绘木《灯节》。这个绘木故事讲述的是一个关于元宵节的传说。

Rainbow 手绘作品·灯节

艺术培养：打破学习界限，将整个世界作为孩子的课堂

很久很久以前，地上的人们不小心射死了玉帝的好朋友神鸟，玉帝非常生气，命令天上的士兵在正月十五的晚上把人间统统烧光。玉帝的女儿把这个消息告诉了大家。于是人们在正月十五的晚上点灯、放爆竹，玉帝误以为是士兵放了火，十分高兴。后来，人们就把这一天叫作"灯节"。

5. 3幅画，告诉你"年"是什么，我们为什么要过年

做境外学生夏令营时，为了给那些外国孩子们讲述中国人过年的典故，我去福州路的外文书店以及网上找了好多个相关版本。

就故事内容而言大同小异，但从插图来看，这个版本最先吸引了我，既有中国民间元素，又不老套，而且画风独特、时尚。

后来就根据这个版本内容进行了缩写与临摹，这就是你现在看到的《年的传说》。

中国古时候有个叫"年"的怪兽，它住在海底。为了躲避它的伤害，人们每到除夕就逃到山里去。有一年除夕，来了一位老人，他将院子门上贴上了大红纸。"年"又来的时候，听见了爆竹声，看见了红色火光，于是害怕地逃走了，人们平安了。

Rainbow 手绘作品·年的传说

从此，每年除夕中国人都要过年：贴红色对联，放爆竹，挂灯笼，等等。

6. 妈妈为什么把米放在水盆里呢

这是我很喜欢的一个绘本故事，虽然是英文版的，但其实它讲述的却是有关中国传统节日——端午节的来历及其风俗。

2016年端午节时，我把绘本中所有插图都临摹了一遍，并将故事内容翻译成了中文。在翻译过程中将原有的故事情节大胆地做了些改写。

Rainbow 手绘作品·端午节

如果你想了解端午节，这是一个很好的阅读途径。

7. 最棒的复活节彩蛋！

《最棒的复活节彩蛋》是我 2016 年复活节时翻译的一个英文

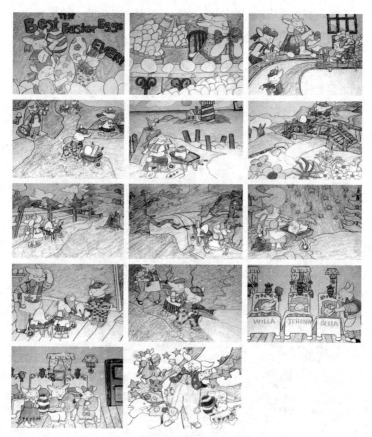

Carol 手绘作品·最棒的复活节彩蛋

故事，其中所有插图还是 Carol 在 9 年前做 Party Smarty 时画的。它讲述的是兔子们画复活节彩蛋的有趣故事。

以前我的一位台湾朋友曾建议，Carol 能歌善画，未来可以做一名艺术心理治疗师，因为艺术是一种能直达人内心的表达方式，艺术创作本身就是一种很好的心理治疗，它可以帮助人解决诸多心理问题，比如缓解失落、紧张、焦虑、恐惧等各类情绪。

当时她提这个建议的时候，我并没有那么强烈地意识到这一点，但自从我开始画画后发现，绘画，尤其是画一些绘本时的确有种特别温暖的力量，很容易让人放松下来，去发现自我，与自我联结。

在绘本的世界中，父母跟孩子一起画、一起朗读、一起分角色扮演，甚至改变原来绘本中的故事情节、发展走向与结局，这些都可能成为二度创作的某个动机、某种素材，它不仅最大限度地发挥了孩子的想象力与创造力，同时也给孩子带来一份自信。父母和孩子共同参与绘本创作的这个过程本身就是一件令人欣喜的事情。

那么，你愿不愿意跟我一样，挑选一本你和孩子共同喜欢的绘本，去创造一颗只属于你和孩子的、独一无二的星球呢？

第 3 章

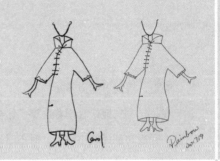

新型母女关系：
你是否更愿意
跟孩子成为朋友

晚上，房间里笑声不断……

我一句一句地认真读着这篇《你会跟孩子探讨男人吗》，Carol 则在一旁逐句翻译给小塔听，时不时地做些点评，或纠正一些记忆偏差之处。

当读到一半时，小塔站起身来若有所思。我看着他，问了一句："有没有兴趣继续听下去？""当然，Rainbow，我喜欢你写的文字，很有意思，很棒。当然要听下去！"

就在说话间，我们仨不知不觉地从吃饭的吧台移到了沙发上。三个人各自找了一个最舒服的坐姿，彼此坐得更近了。

我继续读着。

当我读到 Carol 的"情史"时，小塔回忆起他 16 岁时第一次和女孩儿正式约会的情形……他们时不时地互相打趣着。当最后听到有关他们两个人的章节时，他们彼此会心一笑，拥抱得更紧了。

Carol 高声唱和着，我们"兄妹仨"一起重温了那首《初吻》

的插曲 Reality，很美好、很温暖。或许，在歌声中我们都不约而同地回想起了各自的初恋时光。

那天晚餐我烧了三道菜，都是家常菜：冰笋梅干菜烧五花肉、肉末炒粉丝，还有炒青菜。这是 Carol 前两天还在北京工作时就特意发微信关照的。我想她一定是想我了，想吃我做的菜了。

这三道菜我以前常做，Carol 边吃边回忆着。其中她最喜欢的是肉末炒粉丝，她也会做，只不过没那么入味罢了。

最后这三道菜居然全部吃光，并且他俩不停地大声叫道："好吃，好吃极了！"

那个晚上，我尝到了相爱的滋味，如此自然、如此美味。

你会不会和孩子谈论男人和性

你会跟孩子探讨男人吗？我会。

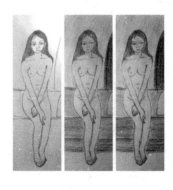

Rainbow 手绘作品·青春期
根据爱德华·蒙克油画作品临摹创作

新型母女关系：你是否更愿意跟孩子成为朋友

1. 从了解自己身体开始

Carol 小时候，如果看到电影或电视中男女接吻的镜头时，我从不会有任何回避的表示，反而会大大方方地和她一起看，并告诉她接吻并不是什么难为情或害羞的事情，而是男女之间一种爱的表示。

Carol 8 岁生日时，我曾买过一本书作为礼物送给她。书的内容主要是讲男孩儿、女孩儿的不同身体结构及其部位名称，包括胎儿的孕育及出生过程。

其实一开始，书中有很多画面我自己看的时候都会觉得有些尴尬或不自在，甚至羞于启齿。但如果和 Carol 一起看，即使再害羞，我都会用一种超平静的语调来朗读。

久而久之，Carol 的反应也慢慢地从羞答答的眼神回避，到自然而然看下去。这种转变更让我意识到，早一点让孩子了解自己的身体，开诚布公地跟他们谈论性是很有必要的。而不是等到你发现了不可挽回的问题的时候再谈，可能就为时已晚了。

这本书后来又作为礼物送给了朋友的孩子。

2. 遇见的第一个重要男人

Carol 是个比较早熟的女孩儿，无论在体型、气质，还是在谈吐、交友，尤其在情感方面都要比其他女孩早熟得多。

在她小学五年级时，我在桌上看见了一张纸条，上面写着很多个"陈家俊"，一看就知道是个男孩儿的名字。而且在纸条的背面，写着好多行小字：我爱你、我爱你、我爱你……陈家俊。

趁着去学校听公开课的机会，我便留意起这个陈家俊来。他是他们班的班长，一个很有主见的男生。当我第一次看到他时，当场就咯咯咯地笑出声来，因为从那个男孩儿身上我看到了 Carol 父亲的影子，无论是神态还是形态都像极了，尤其是戴着的那副眼镜。

或许每个女孩儿最初对男人的印象都来自她的父亲，因为父亲是她遇见的第一个最重要的男人。

3.《从尿布到约会》

12 岁那年，Carol 在我们的海外夏令营当助教，有不少男生都非常喜欢她，甚至有两个日本男生直接就写信给她表示自己的喜欢，为此 Carol 还曾专门买了一套日文磁带学了一阵子。

也就是从那时候起，我才真正开始意识到，Carol 已经不是一个小女孩儿了，她是个大姑娘了。毫无疑问，进入青春期的她已经或多或少有了些懵懂的性意识。

作为母亲，我会隐隐约约地有种担忧。我并不清楚该如何引导处在敏感时期的她，或者说给她一些建议，直到我看了一本被业界标榜为"美国家庭性教育圣经"的书：《从尿布到约会》（约会卷）。这本书在封面上特别强调：适合 12~21 岁孩子的父母阅读。

该书作者黛布拉既是一位有两个孩子的母亲，又是一位权威性的教育专家。她曾担任美国性信息和性教育委员会主席 12 年。她在第一章基础篇中写的一段话对我很是启发：

"本书中首要的提示是父母要保持介入孩子的生活……事实上，你尽父母责任的日子远没有结束，养育青少年是做父母的最重要、最具挑战性的义务……而养育孩子过程中最富挑战性的任务之一就是帮助你的青春期子女成功地控制他的性生活。"

对于她的这个观点，我自己的理解是：

第一，所谓"保持介入"是指在给到孩子一定自由空间内的一种有效帮助；

第二，所谓"成功地控制他的性生活"是指给孩子设立一个可以保护他自己的底线；

第三，父母要做的并不是盲目鼓励孩子进行性行为，而是在一切可能介入或发生之前，或在确定某种特定关系之后，指导并提供给他们一种安全的做法；

第四，跟孩子谈论性的时机很重要，要适时地寻找到一个"可教时刻"。

黛布拉在《从尿布到约会》一书中是这样定义所谓的"可教时刻"：

"它是指日常生活中自然而然出现的，能把你的观念和性知识轻松融洽地提供给你的青少年子女的那种时刻。这也许是发生在谈论新闻故事的时候；也许是你们一起看电视节目引发的反应；也许来自你孩子一张新碟里的一首歌；或者是你为你的孩子准备约会的时候；要不就跟某种课外活动有关……"

4. 妈妈的初恋

几乎每个女孩儿在青春期时都曾有过一段初恋。

我自己的初恋是刚进初中那会儿，班里有个长得很帅的男生特别喜欢我，我至今都记得他当时送我的一首歌：由卡伦·卡朋特兄妹演唱的 *Jambalaya*（什锦菜）。他曾经还送给我一支口红，而这支口红是他特意让外婆从香港带来的。还有最难忘的就是他在课间休息时把我叫到教室门外，突然轻轻地亲在脸颊上的那个吻。

作为母亲和朋友，有时候我也会把自己在青春期的一些情感经历与 Carol 分享。你会发现她很喜欢听你讲这些发生在妈妈身上的故事，因为这能够让她感受到你对她的一种亲近与信任，同时从你的故事中她还会意识到你并不是一个刻板的妈妈，而是她值得信任的一位大朋友。这种时刻往往就是黛布拉所强调的"可教时刻"——在彼此松弛、舒服的交流状态中，将你的一些想法有效地传递给她，这往往是她最容易接受你建议的一个时刻。

当然，除了跟孩子开诚布公地探讨男人或性，更重要的是要在这些"可教时刻"帮助他们在不同时期设定一些性行为的必要底线，让他们学会保护自己，尤其是女孩儿。

5. 美好，要有底线

从初中预备班开始，Carol 读的都是寄宿学校，她大多数时间都是在学校度过的。

上初中预备班时,有个一米八二的男生喜欢上了 Carol,那男生是学校出了名的另类男生。Carol 也很喜欢他,常在一块儿玩,对此我并未多加阻拦,只是告诉她周末时,我愿意充当他们的司机,可以邀约上这个男生一起去博物馆或去影院看电影。

这样做无非是想对这个男孩有更多的了解,同时也暗示 Carol 在这个年龄段,异性之间的交往更多地可以在公共场合进行,以此将各自的兴趣点不断地向外延伸。

初一放假前夕,Carol 的班主任打电话给我,告诉我 Carol 将和两个男生及一个女生一起去外地旅行,言语中透出深深的担忧,生怕他们之间会有什么闪失。

她说:"Carol 妈妈,我觉得他们似乎在谈朋友。"

挂完电话,我约了 Carol 一起在茶坊聊天。聊天的重点即在于:这阶段的男生女生之间彼此有好感、互相喜欢,拍个肩、拉个手,或是拥抱、接吻都很正常,而且很美好。但同时我也十分直截了当地跟 Carol 谈到了这个年龄段异性交往在性行为中应避免的地方,然后跟她共同讨论、设定了一个保护自己的底线。

最后,我把最终如何处理与决定权交给她,并告诉她:"我信任你,因为我觉得你是个很理性的女孩,你已经完全有能力来处理好这些问题了。"

之后,我所听到的消息是他们取消了这次旅行计划,我从没问过他们取消的原因,但我相信这么做一定有他们自己充分的理由。

6. 一个温暖、认真的男人走进了我们的生活

Carol 和她的男友小塔

现在,已经完全独立生活的 Carol 拥有了她自己的一份殷实的爱情。

2015 年下半年,Carol 遇见了小塔。认识半年后他们一同去意大利旅行,通过旅途中的相处,他们彼此有了更多的了解。

后来经过慎重考虑,Carol 和小塔决定生活在一起。现在他们的关系用"舒服"这两个字来形容可能是再恰当不过的了。

如果哪天 Carol 告诉我她怀孕了,我想我并不会感到特别吃惊或意外。因为我知道,他们两个人都非常非常喜欢孩子。而且他们彼此之间已达成了一种共识:结婚固然重要,但充其量也只是一种形式而已,对于相爱的两个人来讲,结婚只是一桩锦上添花的事,如果不相爱,即使两个人走进婚姻也并没什么多大意义。

祝福 Carol 和她所爱的人小塔!

如果 Carol 将来有了孩子,会跟他探讨有关男人和性吗?

我想一定会的,因为她妈妈就是这样做的,她知道这样做的好处。

铃铛让我们无论在哪里都能听见彼此

1. 喜欢,是因为那是我记忆中所看到的它最初的色彩与样貌

2002 年 7 月,Carol 去英国游学。

Carol 在英国伯特莱大学

他们住在素有"英国花园"之称的肯特郡·伯特莱大学内,每天日程安排包括学习语言、参加舞会、外出参观等内容。

语言学习结束后,他们又去了法国、比利时、荷兰等国家旅行。回来时,她分别从不同的国家带了不同的礼物给我:法国巴黎·凡尔赛宫的画册、比利时的巧克力等。其中从荷兰阿姆斯特丹带回的礼物是最多的:一条红色带小碎花的头巾、一双明黄色的木屐,还

有一包郁金香花籽儿。那包花籽儿包装上面印着橙色郁金香开花儿的样子。

虽然那包花籽儿没有培育成功，但却让我第一次认识了郁金香，并喜欢上了它。

后来我曾在宜家买过一束装饰性的郁金香花放在家中，也是橙色的，喜欢极了。

说来也奇怪，只要一想到郁金香，我脑子里就自然而然跳出橙色，似乎认定橙色是其中最美的一种花色。

喜欢，是因为那是我记忆中所看到的它最初的色彩与样貌！

2. 爱的礼物

间隔年时，Carol 受邀于每年的 5 月和 6 月赴海外参加一个短期工作项目。

每次工作旅行归来，Carol 都会给我带些小礼物，我称之为"爱的礼物"。

记得她送我的第一份爱的礼物是她从法国巴黎带回来的一瓶 Chanel 香水。忘了是什么香味儿，只记得很好闻。这瓶香水不时地提醒着我，Carol 长大了，初显女人气质了。

去伊斯坦布尔时，她送我一个带有土耳其象征性图案的瓷盘，还有一条围巾。围巾的颜色是我最喜欢的宝蓝色，到现在我都还一直戴着它。

Carol 送的土耳其瓷器　　　　我画的土耳其瓷器

去英国时，她则给我带了一些精美的英国下午茶点心。之所以买点心不仅是因为我喜欢吃这种带有浓郁芝士味的小饼干，更主要的理由是 Carol 知道我喜欢收集装这些饼干的铁皮罐。这些铁皮罐颇具维多利亚古典时代风格，特别精致典雅。

Carol 送我的英式小点心　　我画的铁皮罐的四面画

去西班牙时,她特意在巴塞罗那当地的一家音像店为我精心挑选了一张 CD。这张 CD 里面录制的都是些带有浓郁拉丁风格的音乐,也算是西班牙当地的"特产"了。

它至今仍是我行车在路上喜欢听的一盘 CD:悠悠然,自由自在……

Carol 从西班牙带回来的 CD 唱片

我画的 CD 封面

2016 年 11 月,她去北美出公差,适逢我生日。

生日当天零点时,我意外地接到了正在美国参加中美电影节的女儿忙里偷闲发来的一段语音。她说:"Happy Birthday 妈妈,我在派拉蒙影业这边向你问好!"

后来几天去加拿大温哥华,她特意为我准备了一份生日礼物,其中就有这张贺卡以及两个加拿大特色的铃铛,一个她自己留着,另一个则送给了我。

她说,无论我们彼此住的距离有多远,但在她的想象中却很近,近到只需要摇一下这个铃铛,彼此就都能听到!

"In my imaginary neighborhood you live right next door……"

"这是我想象当中你和我的距离。"

各自拥有一个魔幻铃铛,爱的召唤随时随地。

Carol 送的生日贺卡

Carol 送我的铃铛

朋友圈里的微画展

2014 年 7 月 24 日——Carol 生日前夕。

为庆贺她 23 岁生日,我登记注册了一个微信号,发了我第一个朋友圈,在微信上为她"举办"了一个"微画展",并公开发表了一封致女儿的"家书"。

Carol 的画

《一匹"钢琴"马》——Carol 画于
2010 年 11 月 2 日·Rainbow 生日

Happy Birthday,宝儿!

你我一起度过的 23 年就像是一本硕大的故事书,每一页都诉说了我们共同经历过的一个个精彩故事,或用文字,或用声音,或用图画……

我时常会翻看这本书,而且总是会不由自主地翻到其中的那一页,那是你我在一起最艰难但又是最简单和快乐的一个章节。我希望它能成为一种支撑你将来独自面对未来时的强大力量。

只想告诉你:无论你在哪里"旅行",都带上这本故事书吧,时常地翻翻,或在上面继续加进一些合适的角色、画面和声音……

好久没和你用文字"谈心"了,真舒心!

晚安!Have a good dream! Love ya!

Mum Rainbow

(未完待续……)

随后,Carol 便在她微信中转发了我的第一个朋友圈。

7 月 27 日——Carol 生日当天,我又发了我第二个朋友圈——在微信上发表了她在不同时期分别演唱的三首歌。十几分钟后,女儿也随即在她朋友圈中发表了这三首歌。

有爱就要表达!爱的表达是快乐与灵感之源!

我"遗传"了女儿 Carol 的"画画基因"

在我眼里,Carol 不仅特别能画,而且画得很棒,尽管她没正式学过。

可以说我从来都没奢望过有一天能像她那样自由地拿起画笔作画,直到2017年的1月13日我在简书上参加了一个简笔画训练营开始,居然美梦成真!

看看这几幅我临摹Carol画的卡通人物,你有没有觉得我"遗传"了女儿的"画画基因"?

这是我刚学三个月时画的一些作品,虽然那时候我知道,要完全与Carol的作品相提并论,或得到她的首肯尚有一定距离。但我坚信只要坚持练习,指日可待!哈哈哈……

Carol的画(左)和我的画(右)

Carol的画(左)和我的画(右)

为了鼓励我,Carol在她朋友圈中陆陆续续地转发了我的作品。2016年元宵节那天,不仅她转发了我的第一本简笔画绘本故事《Lantern Festival·灯节》,同时她圈中很多朋友也都不约而同地转发了这个绘本故事,据说反应热烈,令我既意外又兴奋。这件事给了我一种强有力的鼓励!

现在,画画和文字都已成为我记录自己生活的一种表达方式。

虽然学画时间不长,但我已经画了千余幅作品,有些作品自我感觉甚至已超过了 Carol 的水平。哈哈哈……

所以,无论如何我都得感谢 Carol,正是因为"遗传"了她的"画画基因",才有了我现在的绘画艺术创作,才让我得以重新发现自我、认识自我!

为自己的小说处女作画的插画

Rainbow 手绘作品·唐宋十二家

Rainbow 手绘作品·米兰时装周上的模特们
根据 Helen Downie 作品临摹创作

新型母女关系:你是否更愿意跟孩子成为朋友

给女儿一串独立的钥匙圈

我认为自己是个相当独立,也极力主张孩子独立的母亲。

所谓独立,是指和孩子之间既保持朋友般的亲密关系,同时又相互保持一定的距离感。

不过,即使再独立的一个人,也总会有不堪一击或感到孤独的时刻。

2011年9月,在Carol刚离开上海去北京上大学的那些日子,我似乎一直都有些心神不定。我的英国朋友Liz将这种极其反常的不淡定表现归结为"重大日子(Big day)"中的正常反应。她说,每个做妈妈的在孩子成长过程中,无一例外都会遇上几个像这样的"重大日子"。

Carol的海外游学时光

1. 3个"画风迥异"的重大日子

回想我和Carol一起生活的26年间,我们之间大概有过三次真正意义上的分开,或者说"重大日子"。

第一次是2002年1月和7月,Carol去澳大利亚与英国游学,那年她 10 岁。尽管分开时间不长，但这毕竟是 Carol 第一次真正意义上的远行。

那次我和他父亲把她送到机场后就离开了，不像其他家长拉着孩子的手，一直陪伴着。我们的想法很简单，孩子有一天终将会独立，对我们而言这就像是一段分离的前奏曲，顺理成章，似乎不用那么儿女情长。

第二次"重大日子"是 Carol 去寄宿学校住读。除了周末见面，其余时间她基本上都在学校独自度过。

因为住读，Carol 变得更加独立，生活自理能力也变得更强。对我而言，最大的好处就是我可以把自己更多的精力和时间投入到工作当中。

不过，每到周末或假期，我都会尽量不安排工作，和 Carol 在一起。平时见面少了，在一起的时候我们反而更加珍惜对方。

在我和她父亲分开生活的那段日子，曾有很多朋友都劝我别再让 Carol 住读了，回家住可以陪我。可我没那么做，因为我不想让她受到我们因分居而可能会面临或产生的一些不利因素的影响。

现在看来，当初坚持让她住读，彼此保有一定的独立生活空间，对于我和 Carol 来讲都是一种极其明智的做法。

第三次分开就是 Carol 去北京上大学那次，可以说这是所有"重大日子"中最最艰难的一次。

因为之前经历了两年的间隔年，这两年中我们几乎每天都朝夕相处，关系太紧密了：母女、朋友、室友……因而这次分离对我们两个人来讲都是一次重大考验。

平时相对独立的我们,那段时间却突然变得难以承受。

刚到北京时,Carol几乎每晚都会打电话给我,除了说说自己在学校的故事外,最后总会略带哽咽地说上一句:"想你。"

我也想她,但在电话中我只能克制地告诉她该如何来排解这种思念之情。

事实上每次挂完电话,我常会陷入同样的思念与担忧而无法入眠……

这是一个相对漫长、甚至可以说是有些折磨人的"重大日子"!

"Even though I know how very apart from we are, it helps to think we might be wishing under same bright star."

(即使我知道我们之间相距甚远,但想到我们或许在同一颗星星下面许愿,就感觉好多了。)

直到半年过后,当我听到Carol接受学校英语电台采访录音中的一席话,才让我一直悬着的那颗心放了下来。那次采访让我重新看到了一个充满自信、独立的Carol,又回来了!

2. 毕业了,真正该放手的时刻到了

大约在8年前,我曾看过一档英国电视节目 *Kick out*,每一期都会讲一个年轻人到了他独立的年龄,如果赖在家里不走(就像我们俗称的"啃老族"),节目组就会派一位专家去他家,协助父母将他从家里赶走,从而帮助这位年轻人迈出独立生活的第

一步。

这是一档娱乐性的真人秀节目,它传递了一种崭新的观念:当孩子到了相对独立的年龄,理所当然就应该离开父母的家,开始拥有自己的新家。

不过在中国恰恰相反。中国父母往往希望孩子成年后,仍然和孩子一起同住,哪怕成家立业也要千方百计地留住他们,生怕他们离开,没人为自己养老。

这是两种截然不同的价值观,我无意评判孰好孰坏。当时看节目时,更多是带着一种娱乐心情看的,所以并没有设想过,如果这事儿发生在我自己身上,我会怎么做?

2015年5月,Carol毕业前夕,她同时收到了ICS和CCTV的两份录取通知。经过再三斟酌与考虑,她最终决定回上海工作。

终于,Carol回上海了,这像是一次重逢。我想至少在她结婚前,我们俩终于又可以在一起生活一段时间,等到她成了家,有了孩子,

大学毕业典礼·合影

Carol自己住的第二个小窝

就可能没这个机会了。

可 Carol 的想法却跟我不同,她觉得她毕业了,可以自己来决定自己的生活了。

没错!对我来讲,只是来得太快了点,让我感到有些始料未及。

7月的一天,Carol 找我聊。她说,她在电视台附近租了间房,打算搬出去住。

听到这消息,虽然说不上是五雷轰顶,但当时真的觉得有点不知所措,甚至有过一闪念的后悔:4年前就不该让她离开上海去北京。

但,我答应了。答应她的最主要原因是因为心疼她。

那时候,因为上海与华盛顿的时差原因,她每天早上8点之前就必须赶到电视台做海外连线直播,从浦东赶到浦西的这段路程实在是太远了。

那段时间,我的心情真的很沉重。

说实话,Carol 在北京求学的4年间,我基本上已经适应了我们分开的日子,但现如今两个人身处同一个城市,却不住在一个屋檐下,着实让我这个做妈妈的经历了一番纠结与伤感。

还好,经过了不到一个月的自我调适,我终于想明白了:无论是作为母亲还是朋友,你都不应该把她拴在自己身边。她是她自己,她不属于你!

无论如何,已经到了一个该真正放手的时候了。

其实这点从她出生那刻起就已经明白了的,只是没想到当自己越来越老,却反而难以接受。这是不是一种退化,或者说是一种衰老的表现呢?

就在 Carol 24 岁生日的当天中午,我约她一块儿吃午饭。

吃饭前,我将一套精致的、颇具中国元素的系列钥匙圈交到她手中,并告诉她:"你现在已经是个女人了,每个女人都注定要有几把属于自己的钥匙。钥匙帮你找到生活中的正确解决方案,而钥匙圈则将散落的钥匙串在一起,希望别丢失你自己。"当然,更希望她能将这些钥匙圈随时带在身边,看到它们就想起我!

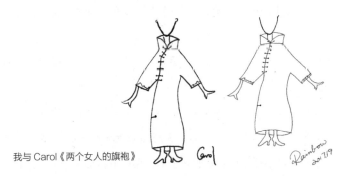

我与 Carol《两个女人的旗袍》

我想,正是从那一刻起,我们母女俩才真正开始变成了两个完全独立的女人,并成为彼此最好的朋友!

3. Mum,这是我的节目,不是你的

刚进电视台没多久,Carol 便开始参与制作一档电视新闻节目 *In Touch*,这是一档边走边聊形式的英语新闻采访片。每一期节目

Carol 在电视采访录制现场

从前期策划采访到后期剪辑制作，包括配乐，均由她独立完成。

刚开始，每次节目播放时我都会看，然后看完节目就会打电话把我的意见或建议告诉她，并且每次都会将她的片子转发朋友圈以示鼓励。

其中第三期做的是披头士的内容。我自己还特意跑去看了那个展览，随后草拟了一份详细的采访提纲发给 Carol，可能是因为披头士是我最崇拜、最熟知的歌手吧，那份节目提纲中大多数建议都被 Carol 所采纳。

久而久之，我便更加投入地关注她的节目，并且还会把我对节目的一些创意想法直截了当地告诉她。有时候甚至会觉得她做的节目深度不够，和她交流之后仍然未见有所改动，就索性把自己的想法写好文稿直接发给她。

我几乎想都没想过这样做会产生什么结果……

有一天，我兴冲冲地去了 Carol 的家，想和她聊聊后面几期节目的创意,却发现她默不作声。过了一会儿,她看着我说了一句:"Mum,这是我的节目,不是你的。"

这句话猛然惊醒了我,我突然发现:

我越界了,越过了以前曾告诫过自己千万不能逾越的那个边界。

说实话,在 Carol 成长,包括我自己办学校的那些年,我一直都倡导要让孩子学会独立思考、独立行动,哪怕犯错,父母都一定不要越界、不要包办。

这么多年来我都是践行着这样的教育理念,这既是别人特别欣赏我,也是我特别欣赏自己的一个方面。

没想到,随着年龄的增长,在不知不觉中,我慢慢失去了那份让她自由生长的耐心。在一颗貌似希望她更加出色的糖果心包裹下,渐渐迷失了自己最初的主张,竟然变成了一个希望替她打点好一切的妈妈。

Carol 的这句话不仅敲醒了我,同时也成为我此后与她相处中时不时会提醒自己的一个座右铭:"Mum,这是我的节目,不是你的。"

4. 还会有下一个重大日子吗

就在 2017 年 12 月某个星期一的晚上,我、Carol,还有小塔一起去观看迪士尼的卡通电影《寻梦环游记》。

吃饭时,Carol 突然问我:"Mum,如果我跟小塔一起去欧洲工作,你认为怎么样?"

"当然一起去啊！"我回答说，"只要你自己想好，而且又有很棒的工作机会，为什么不去？"

此时小塔在旁边补充道："如果我们去欧洲，你一个人行吗？舍得吗？"

"当然，怎么不行？有什么不舍得？"我连想都没想就脱口而出。

可是，就在那一刹那，突然有种莫名的忧伤向我袭来……

我隐约有种感觉，如果那天到来，将会是我人生中的又一个"重大日子"！

第4章

为孩子打开一扇思维天窗：

你会和孩子讨论哲学问题吗

今天是西方传统节日——感恩节。

清早醒来就听见窗外鸟儿在歌唱。打开窗,明媚的阳光洒在树上呈现出一片金黄的颜色,很美的样子。

我在想,其实要感谢的人或事儿真的很多,但最要感谢的是带给我这一切的——生活,无论是苦的,还是甜的,我都要感谢它!

我画的花儿,献给它!

——写于 2017 年 11 月 23 日

被遗忘的家书

作为现代人的我们,已经过于习惯通过书写电子邮件或者发微信来沟通交流、表达情感,写信似乎已成为快要被人们淡忘了的一种古老方式。所以当我翻开女儿 Carol《文集》,看到好多年前与她相互书写的几十封家书时,就如同漫步在繁花似锦却千篇一律的街市中,突然发现了一个被遗忘的窗口,从这个窗口望去,看到了几处你一直在找寻却怎么也没找到的别样风景。

在这几十封家书中,她和她父亲的通信占据了绝大多数比例。尽管他们不住在一起,但父女间似乎有一种剪不断的脐带联系,而且因为相似的思维特征与方式,所以他们在哲学层面上的思考会更多一些。可以说,在 Carol 的那段成长期,她父亲在精神层面给她的影响是相当大的。

尽管我跟她父亲已经分开,但我依然尊重并保留了他们留在这些信件中,曾经的也是难得的思考与岁月痕迹。

Carol 曾在该文集"我与老爸"这个环节中这样写道:

与赋予我们知识和道理的人坐下来,理智地沟通,同样也能够使我们成熟。所谓"家书诚可贵",我们俩的对话虽说只是父女之间闲暇的话题,但,相信这些话题,都足以在彼此的"事业"上,占有充足的思考。

家书 1——父女通信往来之"磨砺"

磨砺

人生必定经过许多磨砺,"磨"了,人才能成人。豆浆要"磨"碎才好喝;玉器要"磨炼"好几年才能成一块良玉;人被"磨砺"才能成人。从出身时陪在身边的父母,到上学时辅导我们的导师,我们从中所得到的不只是知识,而且还有做人的理、做人必需的情感、做人必备的行为。

"人生难免遇到挫折",从少时小小的挫折,到成年后的失败,人们都在被磨砺，成为准成人。还是想提到"浮生泡茶"的故事，要不断搅拌，让茶叶浮沉，才能成一杯好茶，香而令人回味。把一个人比做一粒小小的茶叶，是否要经过痛苦，才能磨砺成人？

曾有人说过，中国汉字的形体意犹未尽。猛一看，"磨"字的"广"好比一个人，人心里有树林般唯美的气质、感性的性格，同样也拥有石头刚强般的心志；"砺"在一个"工厂"里，经过万次"加工"，成了"石"！

还是那句话，人生必定经过许多挫折，可这些挫折都将成为你成人过程中的积淀。

人就是这样磨砺而成的。

爸，知道这个信封不适合你，可太急于让你看到，这篇没有上一篇写得好。麻烦给点意见！

多多
2003 年 12 月

多：

老爸想说几方面的话：

1. 任何事都不可能件件都做得完美，一个人也不可能篇篇文章都写得精彩。所以，人都要允许自己（也要允许他人）有个过程，但这并不意味着放弃做好事情或写好文章的努力与标准。所以，你能知道这篇文章写得不够好，这就说明你对自己有要求、有标准，这就是一件好事，一个好心态。

2. 学习语文的目的是为了很好地表达自己的思想、情感。所谓很好的表达，有几个基本要素：

1）准确。这就要求：写字要正确（你与老爸一样，错字太多了，要超越！）；用词要准确，这就要求多掌握词汇，并且对词汇的要义要理解透彻；用句要正确，就是说要有逻辑。

2）立意要高。所谓立意高，指的是能对一件小事，看到人内心的本质，可以提升到一种普遍性的思想。

3）视角要独特。这与立意要高是相辅相成的。要找到一般人所没能想到的对一件事的观察角度以及你自己的表达角度。

4）简练。主题明确、逻辑性强、文字简练，简练不是简单，而是指把复杂的思想用最为简单的方式来表达。

因此，写好一篇文章不容易，它是你高度集中观察、思考的结果。而且，好文章是建立在你平日许许多多不怎么"好"的文章基础之上，才有可能产生好文章！

其他的就慢慢再讨论，老爸准备赶路了。祝你周末愉快！

磨砺

磨砺，磨什么？砺什么？

我以为，磨是针对心而言，砺是针对志而言。

那么，人心为何要磨？

因为，人心都是贪的。贪之源在于欲。人之所以为人都有许多的欲望，从最本能的生存欲望，到控制、占有欲望；从官能欲望，到精神欲望。可以说，人的欲望是无止境的。但是，这并非能用简单的好坏来评判。可以说，欲望是一把双刃剑，它既能激励着人的进取，同时也毁灭了人的成功。而磨，则要磨去人的欲望所贪的部分。因为贪即为不劳而获或少劳多获之念，这种念头在人的内心都是十分顽固的，不是轻易可以弃之。大多数的情况下，恰恰是相反的作用——越是不获，或少获，则越是想去获得。所以，这种念头最能用坚硬的石头像研磨一样地去磨。磨去那些想要但不能去要的东西。这是十分痛苦的，就如佛教所劝"要放下"，这是一种做人的境界。所以，磨就是一种让自己放弃欲望念头的痛苦承受。

砺，是砺志。

志是什么？志是一个人致死都不可放弃的一份信念。与磨恰恰相反，磨是放弃，砺却是坚定，像石头那样的悠悠的坚定。那么，人要坚定什么呢？贪心是欲望的泛滥，而志则是对欲望的控制，是对自己所追求的一份信念的聚合，对自己为追求这份信念的力量的凝聚，而这同样不易做到。因此，人会很痛苦，因为一方面要放弃，而另一方面要去争取自己还不能得到，并且也不知道是不是能得到的东西。所以，磨砺就是这双重痛苦的叠加。但人必须要去承受，人人都必须经历这样的磨砺过程。所不同的是磨砺的程度不同，有些通过了这样的磨砺，有些人则未能通过。当然其结果也不同，这就是人生。所以，人活着就是去承受痛苦，只有承受了痛苦，人才能真正懂得什么叫人生的幸福。

爸
2003 年 12 月 12 日

家书 2——父女通信往来之"快乐与气质"

老爸:

在学校总有许多不如意,但也有很多快乐。这说明是一个社会的反映,说明我们已接近社会,但这仅仅是发生在初中部或高中部乃至大学的学生才能感受到的感觉,而在低年级时往往没有这种感觉。

的确,是否年少时就应享受这种快乐?是否就应无忧无虑,拥有一个美好无缺的童年?

不对,这样不好,现在看看低年级的学生,我感觉很多孩子都太没有"气质"。

所谓"孩子的气质"是由典雅、疯狂、用心却也有沉不下心的性格组成的。这些因素都是要掌握一个度的。用度不当,就变成了没有气质的孩子(或说是气质不佳吧)。

那么怎样让他们拥有这样的气质呢?通过从小就让他们接触这个社会,接触这个社会的热情、天真、温暖、善良!单单这些,够吗?还有这个社会的冷酷无情、复杂与战乱,让他们从中去获得冷静典雅的一面,同样不失疯狂孩子气的一面(其实我说错了,不应该说"孩子气"的一面,现代社会的人就往往把孩子的任性,看作是孩子的本性,是"孩子气"而就此一次一次地放纵)。

没有错,刚刚来到这个世界,往往万事都要慢来,还是那句话:要掌握一个度!

今天就此停笔。今日我要说的其实单单只有一个问题,孩子不应该整天享受父母"精挑细选"后的快乐,而应从小就尝试体验这个社会所有的感受。从小就让他们得知:我与大人们相同,我拥有探索这个世界、这个社会的权利!

多多
2003 年 12 月 15 日

太高兴与你聊天了

我喜欢把我的想法告诉你

希望你能从中得到什么或悟出什么

收到后请回电!

多:

老爸对你信中所阐述的观点表示充分地赞同,尤其对以下三个观点:

1. 孩子不应该整天享受父母"精挑细选的快乐";

2. 无论是大人还是小孩,都"拥有探索这个世界、这个社会的权利";

3. "孩子气"不是"任性"。

故此,老爸只想与你讨论以下两个话题:关于快乐,关于气质。

关于快乐:

所谓"快乐",是指人的一种情感状态。而导致"快乐"这种情感状态的实质是指人对所期许的"欲望"的满足；而人对"快乐"的不同感受，则来自人对所期许的"欲望"的不同而至。

比如：有许多人因为拥有金钱而快乐；有些人因为获得他人的赞赏而快乐，但有些人对此不以为然！所以说，快乐的本义恰恰反映出人的价值标准，反映出不同人的人生观。因此，人应该去追求怎样的快乐，就成了每个人不同的生活标准。

所以老爸特别赞同你的观点，孩子不该整天享受父母"精挑细选"快乐。因为只会享受父母"精挑细选"的快乐，即为"不劳而获"的快乐。"不劳"即不通过自己的努力，不努力的即不会体会到快乐的真正价值。因而这种"快乐"是暂时的、虚无的、缺乏生命的。因此，人只有通过丰富的生活体验（甜、酸、苦、辣），才能真正懂得快乐的价值，而这种快乐是真正发自内心的一种满足。

关于气质：

"气"是中国文化中十分讲究的一个字（将来你可以去做一些研究）。"气"是一种无形的，而又确确实实存在的力量。

那么中国文化中的"气"到底是什么？我的理解："气"是人的精神的一种体现，是人的精神力量的一种状态；而"质"则为质量，是为一种有价值的、有持久力的状态。所以，气质的本质是指人的发自于内心而溢出来一种精神状态。这种精神状态会反映于人的言行举止，体现在人的审美情趣，运用于凡世习俗之中。

所以，一个人"气质"状态如何，完全反映于他的精神状况。而要想铸就一个人的良好气质，则在于他在日新月异的过程中打造一份只属于他的精神；而这份精神则是一个来源于世俗而又脱颖于世俗的"典雅"；一份对生命有充分认知下的"疯狂"。

这些话题是人类永恒的话题，令我们终生于思索，这就是哲学。

老爸

家书3——父女通信往来之"人本无完美"

老爸：

还记得上封写给你的信吗？我也把草稿拿给徐老师看过，他当众说道："林忆菁啊，以前陈老师说你有思想、有哲学思维，但这种东西能称得上是哲学吗？"

我不知道这是否对。

我今天想给你看一篇文章的选段，是上次初中会议后写的感想的一段：

今天的中学部会议，我感触太深了，以至于都令我麻木了。今天，我一直在思索一个问题，这种教育方法有用吗？真的可以"治"到学生们的内心深处吗？

为什么只有罚了再罚，才有效于学生们的"人生"呢？为什么完美才能使人聪明？人本无完美，为何要让所有事物都如此完美呢？

我曾听很多人说过：有些人就是太谦虚（大部分是中国人），主要是因为那些人在成长时，一直是接受着批评，不太受表扬，为何作为家长、老师不多给一些表扬呢?

……

这就是我的那篇文章,可能是太有针对性了,而且是针对徐老师,针对这个社会,可是还有一点对的成分吧!

多多
2003 年 12 月 18 日

家书 4——父女通信往来之"如何认定与把握事情的度"

老爸:

送你一篇我在家长会上大声朗读的文章!

做一个会学会玩的女孩

可以说我的家庭教育比较特别,我的父母喜欢把我当作朋友般与我共同成长。他们对公办学校的理念都不太赞同。他们不很看重分数,只注重本质;不赞同死读书,只想所有的孩子都有方法地去学习,而且要学会玩。所以,他们在我成长的过程中也使用这一"计策"。

可是我妈也常对我说:"我不看重分数,并不等于我不把它当回事!我不赞成死读书,并不是让你不读书!凡事要把握一个度!"

这句话在我耳边响起过无数次,可这段时期我不知怎么,被孩子们所具有的顽皮所覆盖,渐渐淡忘了……

没错,这次月考,"糟糕"二字就可形容我所有的成绩。这次月考不禁让我开始怀疑自己的能力。难道我真的没有能力吗?不是,之所以如此是因为上课时的我一字不听，认为初一的教材也能像以前那样，通过简单的自学而成。自以为是，回家作业也不注重，只是轻描淡写一笔带过。在这样的学习态度中学习，理所当然是学不好的。

不过我发觉这也不是很糟，因为通过这次月考，我找出了学习上的漏洞。虽然人不可能完美，可是我还是会去"修补"我自己，使我自己回到那个我爸妈所期待的会学会玩的女孩！

多多
2003年12月19日

多多：

爸首先要说的是，你今天遇到的种种成长烦恼，这都是正常的，是每一个孩子都会遇到的问题。

其次，因为你比同龄的女孩感情更丰富，思想更深入。所以，你的烦恼也就必然比其他人多。因此，这些也就是你必须承受，并且会比其他同学更多的痛苦承受。也正因为如此，老爸老妈才会更爱护你，更希望能帮助你。

关于我们谈到的"度"，其实是很难把握的，也就是不能偏左，也不能偏右的选择。这个"度"对每个人而言都是很难的。成年人如此，更何况你是一个刚满13岁的女孩，所以老爸老妈的帮助就应该从这个"度"的认定开始。

老爸希望你永远保持你自己的个性，这个个性是什么？不是穿着奇异，不是说话刁钻，更不是思想怪异。这个个性，老爸以为是具有自己独到的看法，具有自己不被他人左右的思想，不被社会大流所影响的生活选择。所以，老爸以为，不只是听话、不与老师理论就是好的"度"的把握。恰恰相反，老爸以为，你林忆菁永远是林忆菁，只要你自己有礼、有理、有节，哪怕是99个人反对你，老爸也永远站在你这一边。但是，对别人（老师）的意见一定是有礼、有理、有节。

礼：即礼貌。礼貌是对别人的尊重。

理：即合理。在礼貌的前提下，坚持自己的意见，或是别人对你无礼的情况下的反击。

节：即"度"。在怎样的情况下要倾听，在怎样的情况下发表自己的意见，在怎样的情况下该反击。

（以上问题说说容易，在现实中做则很难，所以要以具体的案例来说明。因此，我们今后可以多讨论。）

第二个问题，就是与同学关系处理的"度"，老爸今晚也已跟你谈了。你对男同学有好感，甚至有爱意，这些都是属于正常的范畴。老爸老妈也从不反对你们相处，但毕竟你现在是13岁，且还是在读初一的学生，要学会控制自己的情感。当然，这又是一个说说容易，但做起来很难的事。老爸觉得这个问题，信中说不清楚，等老爸回沪后找你面谈吧。

菁，永远记住，无论你在怎样的情况下，只要你是合理的，老爸永远会支持你，这就是老爸的个性。

请你记住的第二句话是，只要你是珍惜自己的，老爸永远会与你共同面对困难与痛苦。

第三句话，老爸永远爱你，并且是永远没有条件的。

爸

2003年12月25日夜

家书5——父女通信往来之"男人是什么"

多：

爸爸今晚想与你交谈的主题是关于男女之间的感情问题。

老爸知道，你目前正处于对男女情感的探索之中。

老爸老妈对你的问题，一直处于十分矛盾之中：一方面不排斥你与男同学，甚至男朋友的交往；而另一方面，毕竟你还小，还不甚懂得感情的复杂性；更是因为，你毕竟现在还是初一的学生，所以，每次我们都是以含蓄的方式与你沟通。

今天，老爸就想比较直接地与你交流，与你讨论如何看待男人，如何与男人相处的问题。也许，这样对你选择并处理感情问题会有真正的帮助！

其实男人是一个很复杂的动物。

（未完）

老爸

家书6——女儿与其父亲的通信往来之"原则性与人性化"

老爸:

那天你进房间,我就感觉到有些不对劲儿,你没怎么看我……先是开始大口大口地吃晚饭,然后,你开始问一些问题,我一一作答,最后你说了牟总的话……

我其实很想反驳,但我不知怎么反驳。在心里,我对自己说:"不用怕,我改了,我是对的。"

其实,那时候,我就开始觉得好无助。你们以前跟我说的话,我真的都放在心上,只是做起来很难,决心不大。那时候,觉得也没什么不好的,在家待着反而舒服。我努力使自己表面装得无所谓,其实心里……我也说不清……

你走了以后,妈妈开始跟我谈话。最后,她给我提了三个建议。这时,我才知道,我真的不能去学校读书了。我能想象得出我那时呆滞的眼神。妈妈说要写下从前。那时,我已经知道想要写些什么了。现在我全都忘了,只知道是对很多东西的不满与仇恨……

那晚,我真的很难受。不过,很感谢妈妈……但是心里还是会不时地感到感伤……回家后,又想了很多。不过,最后还算轻易地睡去了……(我都忘了想了些什么)

第二天,妈妈为了晚上的聚会忙得很。我问她"我明天都不能上学了,你怎么就不担心?"她的回答……我忘了。

晚上,你们回来后,说了你们听说的事。我,真的是挺欣慰的;还不知道昨天晚上妈妈在学校是怎么说的。总之,我很感动。

谢谢你和妈妈所做的，感谢你们支持我。当然我也知道，你们不是盲目地支持我，我的爸妈既是很人性化的人，亦是原则性强的人。所以，我希望通过你们的支持，去做该做的事。

规则，你怎么理解这个词？原则性是不是不能和人性化通融的呢？

还记得最近我们看的《双面间谍》吗？凡是被人知道身份的，都得杀。可是最后那个头儿的妻子将要被杀，而最后头儿却同意她自然死亡。为什么？也就是说，原则性和人性化是能相互通融的，对吗？你是怎么理解的呢？

几句家常话：
自己在外要多小心……
我不想发 E-mail，是因为想让你看到我的字，怎么样？有长进吗？期待你的回信！

阿宝
2004年5月8日下午

与 Carol 跟她父亲在精神层面上的沟通相比较而言，我跟她的通信则更感性、更平实，也更接地气一些。每次当她遇见一些大风大浪时，一般都由我出面，和她共同面对。言传身教可能是我跟她之间最直接的方式。

因为跟她之间有更多的面对面接触，所以我们之间直接的交谈要甚于书信往来。

家书7——母女通信往来之"我愿意承认我的错误，并愿意对我的错误负责"

老妈：

不知该以何种形式写这封信，写检讨书显然不合适，太格式化。对于我来说，只要把自己想说的写出来，笔调随意一点也没问题。只是我该从何处开始说起？

想做一个被人们所公认的正常人，那就必须遵守一定的规则，对吗？

在一定的环境中，即使你不喜欢这种氛围，也必须去适应，对吗？

世上的人都会憎恨一些规则，但一旦没有了规则，这个世界就将会灭亡，对吗？

就像看待一个人一样，你可以选择喜欢或不喜欢，但无论如何你都得尊重他，对吗？

其实这些我都懂，只是没有去理解，没有去体会。

就像爸说的，有些东西值得你去体会一生。我想我现在已经开始慢慢理解这些道理，所以我相信我会比以前更会遵守这些规则。

我想做一个被人们所公认的正常人，我也会成为一个被公认的正常人！这不是保证书，这是我的决心。我相信自己！

谢谢昨晚，当你和爸走进房间，说有事要说的时候，我很紧张。但当你跟爸了解后知道这一切不全是我的错的时候，我心里好感动、好欣慰。真的。

昨天睡在床上，想到那天晚上，爸是怎样的生气，那时我很想反驳，却不知怎么反驳。我有错，而且错得不轻，的确，我应该为自己的错误而负责！

你说得对，人不是有权去犯错，但人都会犯错，错误是被允许的，而不是被赞赏。错误本身正常，但如何看待，就会知道你到底有没有错。

我愿意承认我的错误，并且愿意对我的错误负责！那就是改正！

我希望老爸老妈都会支持我、帮助我（不是盲目的）。

阿宝
2004 年 5 月 8 日

老多：

看了你的文字，老妈有种说不出的欣慰。

记得你小学三年级的时候，老师曾当着全班同学的面，说你文笔差劲，思路混乱。你回来告诉我，老妈随即在家校联系本上给老师写道：

"当一个人思维的成熟超出其文笔成熟时，或许会出现看似'混乱'的写作状态。文笔是可以练出来的，但思维的超前则并不是人人可以练就的。"

今天，你的文字更坚定了老妈的想法，同时也欣喜地看到了你在思考上的一个飞跃。所以我仍然坚信，只有敢于表达，且是独特表达，才会有所成就。

说真的，老妈为你感到骄傲。

还有一点要提醒：以后要多多注意，尽量避免出现错别字！

老妈潦草于匆匆

2004年5月8日

家书8——母女通信往来之"保持自己内心的那份快乐和宁静"

阿宝：

昨晚，妈妈翻看你以前的《文集》，尤其是《多多与老妈的通信往来》部分。掐指一算，从上次给你写信至今，已经快五六个年头了。

在这近五六年间，我们家发生了太多的变故，而你也跟着经历了这些在你这个年龄本不该承受的太多的事情。不过令我最大的惊喜是你的蜕变、你的成熟……

经历了两年的 Gap Year（间隔年），再重返校园读高三，这并非易事。首先它需要很大的勇气；其次，它更需要果敢的行动力。

妈妈认为，你做到了。而我所说的"你做到了"，并非仅仅指你在学业上的跨越，更重要的是指在你的内心，对自己未来目标的明了，并知道如何达成目标，以及在这个过程中如何克服与战胜自己……

还记得12岁时你写的那篇著名的《何时到达》吗？在文章的结尾，你这样写道：

"说句俗话,我会努力。说句创新点的话,**我是个 12 岁的正朝着大人这片海拼命游去的人。有时不禁想问,何时到达……**"

我想经过了 7 年风雨之后的你,应该对这句话,有了更深的感受与体验,能咀嚼出其中更多的意味。

妈妈还是那句话:"结果不是那么的重要,重要的是 Enjoy(享受)这个过程。"

保持自己内心的那份快乐与宁静。这就是妈妈对于你未来幸福的一种期待!

最后,从你自己以前写的《文集》中,选了数篇附上,权当妈妈送给你一份迟来的成年礼!

希望你能像唱歌时保持你特有音色那样,永远保持你自己的那份独特!

老妈潦草于匆匆
2010 年 10 月 20 日

十几年过后,再次翻看 Carol 与我们的这些书信,我一直在想一个问题:并不是每个父亲都能够这么幸运地与孩子如此平等、自由地谈论快乐、欲望这些高深莫测的哲学问题,也不是每个孩子都能够那么幸运地与父母如此毫无顾忌地袒露自己对人性、对彼此的看法,那么这个前提是什么呢?

我想这可能得益于之前我们跟她之间所建立起来的一种平等关系及良好的对话习惯。这种平等关系和对话习惯是在她很小的时候就开始慢慢养成的,而这也正是她最早开始认识、接触哲学的最佳路径。如果缺失了这个前提,就不可能出现 Carol 和她父亲在这些书信中平等、自由的交谈内容了。

有人说,孩子纯真,更容易提出哲学问题,是天生的哲学家,因为他们具备了哲学家所必须具备的一个基本特质:好奇。从好奇产生疑问、从疑问激发碰撞、从碰撞驱动寻找、从寻找发现答案,这一系列由好奇心所引发的自主性探索过程正好体现了一个典型的哲学思考过程。

由此看来,哲学思考力的养成并不是一件高不可攀的事情,它需要父母与孩子在长此以往平等自由的对话中慢慢形成。况且,哲学问题也并不都是高深莫测、玄不可及的,浅显易懂的生活哲学在孩子们的生活中随处可见,比如朋友、友谊、规则、幸福、死亡等。

前段时间,我在一档电台节目《美妙时光》做嘉宾。当我坐在演播室内,听主持人方舟老师现场朗读《死亡是人类最好的发明》时,颇为震撼。

一直以来,死亡都是中国人最忌讳的一个话题,更谈不上什么死亡教育。可是在西方其实它已经相当成熟了。无论是在孩子们的绘本中,还是在学校的课堂上,死亡教育甚至都已经发展成为一门单独的学科,其宗旨是引导孩子正确认识、了解,甚至体验死亡,从而明白生命所赋予的意义。

跟孩子谈论哲学,犹如为孩子打开一扇思维的天窗。从这些家书的轨迹中,我看到了这扇天窗是如何一点一点被打开的。

12年前的文集《我》

我不是一个对女儿从头到脚、细枝末节都会顾及到的妈妈，但对于女儿的每个"第一次"：她唱的第一首英文歌、参与的第一次节目、画的第一幅画、写的第一首诗……我几乎都会用不同的方式将它们保留下来。

这本名为《我》的文集是 Carol 初中时期写的一些习作，将它们汇集成册不仅仅是作为一份档案来珍藏，而且还因为十几年前当我无意中读到这些作文时，它让我开始意识到：Carol 正步入她的青春期，她的文字强烈投射出了那个特定时期的鲜明特点。

下面这几篇短文是我从这本文集中挑选出来的，分别从不同侧面及不同视角反映、记录了 Carol 在那段时期的真实生活。她的困惑与思考、纠结与痛苦、软弱与坚强，一并在文字中表露无遗。

这篇《何时到达》写于 2003 年。

文集《我》的封面

常听大人们说想回到"童年",可往往孩子们无法理解。在孩子的眼中,童年是功课、课堂、作业的世界。他们天天要面对学校、老师、同学,丝毫没有大人们所说的快乐。在孩子们的眼里,大人们那种无拘无束的生活更是他们所向往的。

可以说正处于大人与小孩这个通道正中的我,虽然没到过大人的世界,可却能从那头传来的回声中隐约地了解到他们的神秘世界。

我竭力渴望探索大人天堂,于是开始把自己变成一个成人,无论是字体,还是文笔,我都要百分百的大人味。

我以张爱玲的文章做参考,开始创造我自己的天地。以随意为中心,以大人为标准。我常拿一些文章去博取大人的赞赏,虽然我不知道这些赞赏是真心还是恭维,也不知道他们的批评是深还是浅。总之,我正朝着老子所憧憬的自然、简洁明了开创我的文章。

老师也常阅读我的文章,我也曾跟她谈过我的目标,她认为一个成人的文笔,需要更多的文学功底,也需要经验。这也让我感觉到我的确还没到那个度。

说句俗话,我会努力。说句创新点的话,我是个12岁的正朝着大人这片海拼命游去的人。

有时不禁想问,何时到达……

在女儿 Carol 的字典里,"朋友"二字始终是排在前两位的。

从初二下半学期开始到高二,她读的都是寄宿学校。可以说,她在学校与同学一起相处的时间,甚至超过了我和她在一起的时间。他们就是她的兄弟姐妹、她的家人。

Carol 与同学在一起

这些照片是她离开母校前夕拍的,记录了她与朝夕相处的兄弟姐妹们难舍难分的瞬间。

照片中的男生、女生基本上从初二开始就在一起了。虽然男女生的比例是一比一,但事实上她和男生的照片更多,而且几乎每张男生照片都分别被注明了名字与标题。Carol 说,其实她和男孩之间更玩得来,现在依然如此。

这篇《两个人的故事》讲述的是她和最好的朋友之间的事儿。我喜欢这段文字,看似有些陌生,甚至担心,但读来却颇为真实。它让我看到了我所不知道的、女儿与同龄人之间相处时所呈现出来的另一面。记得第一次读的时候,瞬间就被文中所透出的那种触手可及的青春期的叛逆、困惑、不安,甚至纠结与矛盾而震慑到了……

曾经最好的朋友哭了,她说她很想我。一时之间,我都不知道怎么让她不哭。我抱着她,回忆全都涌上了心头。

01

刚到这个学校,就不知不觉地和她成了最好的朋友。

每次我想逃课的时候,她都拉着我,两个人就在课上蒙头大睡。

每次我宣布要减肥的时候,她总是从橱里拿出大包大包的零食。于是两个人就坐在寝室的地上一包一包地拆,而且每包零食都要留一点点等下次吃。

每次闹别扭的时候,都会给彼此写纸条,然后去操场走一圈把所有的抱怨都讲出来,之后都会越来越珍惜对方。

每次两人沉默不语的时候,她的一个"白痴"动作都会让我笑到趴下,无论校园的哪一个角落,我都会停下来,等她拉着我走。

她一直说我是引领她的人。是的,我是,同时她也是我的引领者。

一次她去我家,我牵着她的手从离家三四条街的地方开始走。一路上我便给她介绍身边的一切:花草树木、人文景物或是招牌房屋。

到家门口的时候,她看着我,笑:"你们这里好好玩哦!"我心头一颤,这已经是让我感到有些厌倦的地方了,但她却好似对什么都很惊奇,她羡慕我。

一直到吃晚饭的时候,她还目不转睛地盯着我妈烧的"大杂烩"汤。一起在家吃饭的感觉真的很棒,她居然融入了我的家庭。

02

高一了,我们进了不同的班级。

昨天她的新同学把我从教室拽出去，说："她哭了，你去安慰下她……""哦。"我回答。

她把自己关在厕所里，这是以前我们可以待在里面一天的厕所。

我打开门，看见了熟悉的、蹲着的她，尽管天天见面，但是那样、红着眼、湿了袖子的她，感觉还是有点小陌生。

她天生就排斥新鲜事物，也不知如何适应新的环境。她很懒，不希望再重新努力地去寻找一份让她这样主观的人感到快乐的友谊，所以她觉得孤单、无助。

我抱着难过哭泣着的她，听她讲她的新班级、她的新同学……

我知道，不久她将完全融入这个新集体。当她再次描述这样一个集体时的角度与态度将会完全不同……

03

是现代人都这样吗？

好像看到书中所描述的古人，总有自己安宁的的世界；好像他们都敢于面对孤独，都敢于在孤独中寻求到快乐。

而现代人，"一个人"这个词是贬义的，好似被人排挤。

这，就是一个误区，但是为了让自己进入一种以为的快乐状态，大家就必须学着适应周围环境，以免自己孤单。

这，又是正确的，并不矛盾的。在我的友情历程中，好像朋友就是为了自己不孤独，为了让自己快乐而存在的。

真正的友谊是什么？

是两个人互相帮助对方学业？是知道有个人一直是支持你的？

是两个人在一起很放松、很开心？

我只知道，她哭的时候我也会掉眼泪。

她哭了，我抱着她。望着窗外已经黑了的城市，回忆全都涌上了心头。

但这终究只是回忆。

12年前的一个大年夜，女儿随她老爸回老家过年。途中发生了一次重大车祸，所幸车上三人只是受点皮外伤，均安然无恙！

据事故组的人说，根据事发地点勘查及其车子损坏程度来看，发生如此大的车祸，车中三人居然都存活了下来，简直令人难以置信！

那次车祸给女儿留下了心理阴影，以至于之后的两年中，她都特别害怕坐车。

《礼物》这篇文章是她14岁时，距离车祸发生两年后所写。她在《后记》中这样写道：

"这是一个我至今都记忆犹新的'过去'。我想把它记叙下来……那次的车祸真的让我感悟了很多，特别是我在文章末尾提到的'感谢'。就在我写这篇《后记》时，自始至终都怀着感激。"

"路上当心……"妈妈嘱咐道。

那是两年前的年夜饭过后，黑蒙蒙的天空下着小雨。爸爸带着我和Eric叔叔赶往老家。

一路上，我抱着零食躺在后座，身上盖着一条毯子。

时而看看窗外伴随着微弱的灯光掠过的雨水，时而与爸爸他们聊聊天，时而接受不断传送来的手机祝福。

我喜欢听到爸爸开窗时涌进车里的一阵阵刺耳的风声。

妈妈的零点祝福到来后，爸爸的信息渐渐多了起来。而我也渐渐睡着了……

也许是被惊醒的，也有可能是被震醒的，总之我醒来时，周围一片漆黑，我感到特别的冷。淅沥的雨丝，黑暗的周围让我意识到我们发生了车祸。但当时，我并不怎么害怕，可能是不知道事情的严重性吧。

Eric 叔叔把两颗找了半天的巧克力传给了我们。我一边吃一边摸索着我的鞋子，才发现，身边聚集着好多水。

车门也开不了了，它好像被什么东西卡住了，而且因为我们车内的空间太小，砸窗竟然也行不通。我们此刻剩下的只有等待。

也不知道多少时间过后，我们听到了脚步声。

他是旁边村落的，听到撞击声后就来了。与我们稍稍商量过后，他砸开了我身边的那扇窗，把我们都扶了出去。

我是第一个出来的。当我看到了那个已扭曲变形的车子翻身躺在河岸交接处时，我吓坏了。所幸我们三个都没受什么大伤，只是爸爸的头上出了点血。

记得那时看着不知有多高的山坡，莫名地产生了一种前所未有的阴凉感。目光停在不知有多脏的下水道前，再看看已经扭曲了的车子，"怕"成了我唯一的感觉。

我们越过了一条似河的东西，爬过了一座似山的东西，最后在高速公路上乘着一辆小型警车离开了。

警车开得相当慢,两旁的烟火不断,可我害怕……那晚的雨令我特别感伤。

第二天,我们又去了现场。烧了几根香,看了看那个地方。高速公路离还未被吊起的车子有近二十米之高。那条所谓的河,则是一条臭水浜。车里的好多东西都已不见。

爸爸告诉我,昨晚他开到了190码的速度。

事后,每一次谈论起,都会感谢很多东西。好似天已注定,所有东西都只差那么一点点就会丧命。所以我开始懂得学会生活,感谢生活,珍惜生活。

发生车祸的那天,正好是我跨入第一个本命年的第一天。

十二年前,我诞生。十二年后,我挣脱死神,依然存活。

这是上天给我的礼物!

Carol 爱动物,尤其对狗怀有一种深深的、如同家人般的情感。这篇《瞬间的感悟》看似是一篇描述她跟三条狗的一次偶遇与短暂相处的故事,但其实并不尽然,我从这段细致且直白的文字中读到了她对生命的探索,对爱情的渴求……读完后有种莫名的感动:那个喜欢戴米妮头箍的女孩儿,她真的长大了。

望着那被泥土掺杂的海水,海面上是几条破烂不堪的货船,以及那片令人捉摸不透的天空所组成的画面。就是这片海,两岸边,没有令人期待的礁石,没有闲着看海的人,唯独我。

我被蚊子"驱赶",逃进了一家农民的草棚。好不容易找到一个可坐的东西,便坐下了。身边来了只狗,但马上被赶走了。主人见我不怕,便介绍说他家还有三只。我喜欢狗,但同样也知道这里的狗不适合去触摸,即便如此,我还是决定去亲近一下。

来到后面,看到了那只最大的,是那种好大的黑白狗,用绳捆着。

"过去,过去,死狗!过去。"女主人用半上海话的口音边叫边用鞭子抽它。我的手刚触到它的毛,它便被赶走了。它的眼神让我捉摸不透,感觉是疲惫,但又好似是希望……

正当我思索着这个眼神时,刚开始看见的那只狗便跑了过来。

它很美,有着黄色的毛,如果好好饲养的话,肯定是一只金黄色的美犬。它两眼瞧着我,眼神里透露出温顺的习性。在它左侧,一只异常可爱的狗羞涩地望着我。我向前走去,它往后退了步,我又迈了一步,它胆怯地让我轻轻地抚摸了一下,见我不坏,便也就不那么警惕了。我正带劲地盯着它看时,忽然发现在它棕色的毛中,有一处好似被烫伤过的痕迹,不知为什么,心中除了同情,还有……

我不敢抱它,可能觉得它脏,亦可能觉得它可怜。我,不敢碰它。

我坐回刚刚坐着的地儿,静静地看着它离去,而那只黄色的狗

狗是 Carol 最好的朋友

依旧跟着我,"陪"我在一旁歇着。

过了一会儿,又一只灰白色的狼狗,好似坏人一般地从草棚的东头跑了进来。我眼睁睁地看着它跑向那只熟睡的小狗,我注意到身边的那只黄狗突然警觉地站了起来,跑了过去,似乎试图要赶走那些狼狗。我注视着这场像是战争的场面,我以为黄狗会赶走狼狗,但,我错了,其实它们是在亲密。

良久,黄狗离开了,狼狗正"耍弄"着那小狗,它们非常快乐。我站起身,走过去想与那狼狗表示友好时,它一下躲开,蹿了出去。这时,只见黄狗站立在最前头的石块上,狼狗则蹲在侧边的小路上,我缓缓地走向那只黄色的狗,伸出手想要抚摸它,但它向后退,躲开了。于是我再次伸出手,抚摸它,渐渐地,我们又熟了。

我开始走在它们的前方,每走一步,便会回头瞧瞧,看见它们跟着,就觉得会好开心。走了许久,它们俩突然往下冲,跑到前面去了,黄狗追着狼狗,很是开心,两条狗时而扭成一团,时而追赶着对方……

它们追赶着到了一条河边,看着两条狗肩并肩的模样,心中有种莫名的激动与感动。

我走近,是来道别的。无论它们听懂还是听不懂,我感激它们让我明白,爱是不管在哪里,不管发生在谁的身上,也不管在何种情况下都存在着。

爱,无处不在……

无论父母如何用不同的方式教育、影响孩子,但生活最终还是要孩子自己去过、去品味的。

相较于同龄人来说，Carol 的经历更为跌宕起伏：遭遇车祸、家庭的变故、父母事业的重创、友情的考验等，所有这些其实远远超出她这个年龄段所能承受的心理压力，但是，她经历了，接受了，并慢慢释怀了。

就像她自己在这本《文集》的自序中所写的那样：

"家长们总说自己的孩子经历太少，写不出好文章。而我自认为很幸运，因为我经历了许许多多。人们常说，只有切身经历，才能酝酿出真实感人的文章。我感谢我的经历，不管是苦还是甜，我都会永久怀念！"

第 5 章

运动、动物、旅行与性格:
让孩子勇敢飞翔,不惧挑战

在泰国的几个小岛上，一般来讲是没有人去大海里划皮艇的，基本上就只是在小溪边或者很浅的海边玩玩而已。但Carol和小塔决定这次要玩更大、更有意思的，于是就去了海上。

去的时候还蛮顺利的，可回来时，因为既是逆行，又是逆风，而且还逆浪，所以船就一直不停地翻覆着，不久，船舱内进水越来越多。

小塔头上戴的GoPro（一款小型可携带的，固定式防水、防震摄像机。因其在冲浪、滑雪、跳伞等极限运动中被广泛运用，因而又称之为"极限摄像机"）在翻船时掉进海里；而Carol带去的包也整个沉入海中，还好包事先被系在了船上，没漂走，但手机却

Carol和小塔在泰国皮皮岛历险

因为浸水而无法开机。情急之下，他们只得把船停靠在岸边，然后吹响救生衣上的口哨，发出了求救信号。

可能因为距离太远，远处的船没有听到求救声，随后他们又站在船上不停地挥手，也没人看见，无奈之下，他们只能把船系在树上，然后步行大约半个小时，回到他们住的那个酒店求救……

乘坐着酒店提供的马达船，他们再一次来到搁浅的那个地方。

尽管知道要在偌大的海滩上找到GoPro就如同大海捞针般地难，但他们没有放弃，还是抱着试试看的心态，沿着海边仔细地寻找了起来……

大概找了有一个小时，夕阳都快下山了。这时候只听见小塔在远处突然叫了起来：Carol！Carol飞奔过去一看，GoPro此时就躺在一块硕大的石头边上，静静地等着他们。他们兴奋地相互拥抱在一起。

这个GoPro是小塔送给Carol的一份生日礼物，尽管经过了这次大风大浪的百般折腾，GoPro居然奇迹般地"存活"了下来，而且完好无损。

让运动成为孩子勇敢、挑战、冒险的终身基因来源

1. 从体育课免修生到坚持几十年的长跑者

我一出生就患有先天性心脏病，上中学前体育课全免，别人上体育课我只有在边上羡慕的份儿。

初中时，在当医生的姑妈提议下，我开始每天早上跑步一小时。刚开始只能跑一点点，后来距离越跑越远。参加校际 1500 米长跑比赛，每次我都获得第二名的成绩。

生女儿前检查身体，医生居然不相信我曾有过先天性心脏病病史，我想这是我常年坚持长跑的结果。

早些年时，碰上感冒发烧之类的毛病，几乎从不上医院，只要去跑上一小时步，出一身汗，加上我老爸的土方子（将大蒜拍碎，然后放在面条里一起吃下去），第二天便会自然退烧，可能会再反复两三天就完事了。

现在虽然没以前那么灵光了，但原则不变，还是基本以不吃药为主，多喝水、多出汗，通过排尿、排汗将毒素排出体外，几天后即可自我痊愈。

从一个体育课免修生到一个健康的长跑者，跑步让我充分感受到了运动的好处，而且最为关键的是，它同时让我养成了持之以恒的耐力与习惯。

刚满月的 Carol

2. "游泳小将"这个称号可不是自封的

Carol 出生前，我看了很多国外的育儿书，其中都讲到了游泳的好处：既能让孩子身体综合发展，也能对女孩儿的体型、曲线及勇敢的性格塑造，包括身体协调、平衡能力起到很好的作用。

那时候在上海的复兴路上，有个很有名的上海跳水池，离我家很近。

Carol出生后一个月左右，我几乎每天下午都会骑车带她去那儿游泳。

刚开始时只是抱着她玩水，我们没有为她准备救生圈，不想让她对此产生依赖。她爸爸有时候会将她从岸上抛下来，我在水中接住她。我至今都记得她跳水时丝毫没有害怕的表情，反而非常开心、快活的样子。

慢慢地，她开始在水中会用两只小手拨水，两只脚也随之配合了起来……就这样，她学会了游泳。后来，我们常常会带她去一些水上乐园，比如热带风暴去玩。

参加游泳训练的Carol

幼儿园时，她被市游泳队选上，进行为期两年的专业游泳训练，后来又被花样游泳队选中改练花样游泳。读小学时，她在杨文意游泳学校训练了两年，因为身体协调性特别强，水性又好，被教练视为种子选手。专业的游泳训练不仅练就了她的好水性，而且还培养了她大胆、勇敢及冒险的性格。

1999年我办学校时，第一年就将游泳课列为学生的必修课程。

3. 让运动成为释放、减压及放松的生活方式

除了游泳，儿时的 Carol 还参加过溜冰、骑马、跆拳道等运动项目的正规训练。

Carol 的跆拳道已达到绿带级别（第五级：绿色表示成长中的草木，意味着技术进步阶段）。后来中途放弃是因为听说练跆拳道容易将小腿练粗，对女孩身材塑造不利，不得已而终止了跆拳道训练。

不过她那两只经过训练过的脚特别有力，有时候我俩在床上玩"打仗"游戏，每次只要她的脚不小心碰到我，我马上就会求饶，自动认输，唯恐她踢到我。

2016 年下半年时，我从 Carol 的微信上突然看到一张满腿都是疤痕的照片，一问才得知，她参加了泰拳训练。据说这是她在新闻采访时遇上的一位外籍泰拳教练，随后便跟他练了起来……

在很长一段时间内，Carol 一直都笑称自己是一个："泰拳初级学习者，有一个 9 个月大的猫猫的单身妈妈"。

现在，运动已成了 Carol 自我释放、减压及放松的一种生活方式，也成为她勇敢、挑战、冒险的终身基因来源。

4. 冲浪＝摔浪，成功的冲浪是摔出来的！ Carol 如是说

高中起就习惯用英文思维写作的 Carol，在我的催促下，终于坐在哥斯达黎加太平洋东海岸线的沙滩上，用中文写下了这篇文章。这是她近年来用中文写作的极少数长文中的一篇，距离她的上一篇长文大概过去了两年。

站在太平洋东海岸边上向远处眺望的 Carol

12月31日,躺在太平洋东海岸线的沙滩上。

现在应该是北京时间2018年1月1日,我在中美洲还停留在2017年。

今晨做了个决定,准备试试冲浪,并且任由太平洋巨浪把我"冲进"2018。

于是当即打电话给冲浪学校,半英语、半西语,别扭地预约了教练,并和小塔兴冲冲地开着租来的高尔夫球车,在满是尘土的山路上开了20分钟来到海边……

在身上涂抹好防晒霜之后,教练给了我们一种更强功效的防晒膏涂在脸部T字区。

小塔和我站在镜子前不断地模仿着新西兰土著毛利人的动作,欣赏着镜子里如同日本艺妓般的脸出现在彼此身上的违和感。

跟我个头差不多的教练带着我们来到后院,挑选"战舰"(冲浪板)。

走进后院的那一瞬间,面对着高耸林立、排列整齐的冲浪板,我好似理解了很多人第一次来到陆家嘴时的感受，小小的人儿走进了一个摩天大楼的世界……

教练根据我们身高、体重给我们挑好冲浪板后，我千辛万苦地扛着我的冲浪板从后院挪步至店门口，缓缓地走向海滩，感受并欣赏着自己的不自量力。

早上10点半，我们在已然酷热的沙滩上训练了半小时后，便迫不及待地往海里冲。

迎着浅滩的小浪花走了5分钟，教练带着我们来到刚刚没过我肩膀的水域，他指着远处初显波纹的海面对我说：this is your wave（你的浪来了）。

我猝不及防地撑着胳膊肘上了冲浪板，摆好中心位置，就在微调平衡时，浪已经出现在我眼前。不得已，我本能地起身站立，居然就这样成功地在板上一直站着，小浪一直把我"推回"到沙滩。

靓丽地回眸，小塔和教练站在远处毫不吝啬地欢呼着……

正是因为第一次的"毫不费力"，我兴冲冲地回到海里。尚不知第一次的成功往往是宿命（朋友说"板类运动对瘦子很友好"），

小塔、Carol 和他们的冲浪板

真正考验人的技术、心理战术和决心的往往在于第二次。

再回到海里,我开始感受到浪的力量,打在后脑勺上犹如被打了一大板子。即使躲在海浪下面,全身浸在水里也只是图一时之快,因为起身后盐巴堵塞了脸上每一个气孔,隐隐作痛,令人喘不过气。更别提在我小小的身躯掌控着大大的冲浪板远离浅滩后,深海狂妄的浪轻而易举地又把我打回到"始发地"。

几个回合后,想必是赤道的大太阳都看不下去了,"祈福"我平安来到深海适合起浪的位置,暂时帮我抵抗住被浪冲回家的"诱惑"。我开始平铺在冲浪板上,试图叫醒全身每一处肌肉。

回忆起教练在沙滩上用树干画出的冲浪"三部曲":

划水(paddle)、撑起身体(pop-up)、起乘(stand)。

浪在身后时开始努力划水,浪过臀部时进入第二步,浪过肩膀时缓缓地、双腿微弯地起身……

回忆的确是折磨人的。我正享受着它的时候,一朵巨浪朝我拍来。我的身体对于海浪似乎是毫无重量可言的,我的躯体立刻前倾。

看小塔如何成为海洋之王

运动、动物、旅行与性格:让孩子勇敢飞翔,不惧挑战

紧随其后的是比我高出5个头的冲浪板，它为了表忠心，顺着浪的方向往我的后脑勺"亲"上来。

现在完全被打入水中的我下意识地睁大双眼、奋力挣扎并本能地往上游……

感觉过了很久很久，我回到了海面，心想：完了，这下脑子肯定被敲傻了。

我就地坐在浅海处。为了排除脑震荡的可能性，开始调取一些回忆。

想到小时候学溜冰时也受过如此创伤。记得当时的我在溜冰场上算不上是"叱咤风云"也当属"风生水起"了，溜冰的速度已足够体验风在耳边"嗖嗖"吹的程度了。原本好好溜着的我，不知怎么的，下一秒就躺在了地上，身边聚集的人越来越多。

有关"案件发展"的记忆可能真的是被摔"掉线"了。当时据目击者称，我溜速太快，没能及时对前方向左靠近的人做出反应，当她左腿向后方后退时，正好把我绊到，被绊的我在空中飞出了一个完美的半圆弧线，重重地摔倒在了远处的落点。

我的脑子是记不得当时"飞翔"的时刻了，但可能我的身体还是心有余悸的，就在我脑补当时整个画面的时候，感觉身体又重新被重重地摔了一次。

远处，教练和小塔慢慢向我走来。

自学法律的年轻教练说，他低估了小塔的重量，选择的冲浪板太轻了，致使小塔总是站不起来摔落到海中（哈哈哈哈哈哈），所以他们得回店里换板子,去去就来。

我随着他们一同走到了沙滩上,解开了圈在脚踝上用来连接我和冲浪板的缰绳,屁股陷入暖暖的沙子里。我开始仔细地回想,其实从小到大体验过的运动或者活动都有过如此这般受伤的时刻。

已不记得是几岁了,荡秋千时手没抓稳,从高高的秋千上飞了出去。当时脸颊上留下的疤痕曾让我一度以为永远褪不掉了,现在想想是左脸颊还是右脸颊都傻傻分不清了。

学过游泳、溜冰、跆拳道、泰拳等,像这样当时看起来"轰轰烈烈"的,随着时间推移变成记忆中的一朵小浪花的比比皆是。重要的是,我渐渐改变了本能地 say no(说不)的习惯,凡事都去耍两下子,give it a try(尝试一下)。

前一阵子在上海,小塔带我去体验了巴西柔道 Jiu-Jitsu。

课程后半段,10 位学员在柔道馆中央的软垫上散落地跪坐着,等待挑战。另外二十几位学员则贴着墙壁排着队,轮流走到中央,向随机的对手发起挑战。

课上所有的学员都参与了,除了两位也是前来体验的中国女生,她们因为手指甲太长,教练说容易抓伤队友,就被安排在一旁观战。

我第一轮的对手是个满身肌肉鼓起,看似意大利黑手党的老外。我走近他的瞬间便噗的一声笑了出来,意思是:我们不是一个量级的,这局你就当随便玩玩吧。

可他没有用微笑回应我,而是按惯例,强有力地握了我的手,并同时用另外一只手在我的肩膀上轻轻地拍了两下,对决由此开始。

当天练习的是被攻击者仰卧在地的反击。我躺在地上就位,他蹲在我上方。

当我还在由这种近距离接触所引发的尴尬和由这种体位所引发的臆想联翩中无法自拔时,对决却已经莫名其妙地结束了。自然而然,我分分钟就out(出局)了。

彼此又再握了一次手,互相说了声"谢谢"。我就灰溜溜地回到了队伍里,等待下一轮对决。

排队的时候,我注意到了被"放逐"的两位长指甲妹妹正不厌其烦地变换着自拍的角度,用镜头感受着(Jiu-Jitsu)的热血。

在柔道馆中央的"战场"上,10组学员无论身形,无论年龄,无论性别(在战场上的除了我还有一位女生)都一声不发,专注地体会着每个动作所迸发出的能量。整个场子里就只听见身体摩擦泡沫地面的声音。

我意识到:大家都是很认真地对待此时此刻的。

我开始撇掉所有的分心,专注于我的优势、对手的劣势,专注于此时此刻,专注于不到动弹不得,决不放弃。

继续冲浪的 Carol

心态的转变所引发的战果转变是惊人的。从远处小塔震惊的表情中推测,我的这种坚定想必是震慑住了对手,也震慑住了自己……

这种坚定应该是海、陆、空通用的吧。

我默默地把冲浪板的缰绳又圈回到脚踝上。

一个小小的人抱着大大的板再次回到了正午的太平洋……

海外游学,帮助孩子找到成长与独立的密码

10岁那年,Carol参加了一个海外游学项目,去国外边旅行,边学英语。

从根本上来讲,学一门新的语言不仅仅是学习语言本身,更重要的是要将所学到的内容更好地应用到生活中,与人沟通、表达想法、接触新事物……这就相当于在一个相互交融的现实世界中,无障碍地自由穿行。

这种边学习边旅行的方式所带来的好处,她将一生受用。

海外游学时的纪念品:明信片

运动、动物、旅行与性格:让孩子勇敢飞翔,不惧挑战

1. 第一个密码
将她"扔"在一个完全陌生的环境中"孤岛求生"

澳大利亚的悉尼是 Carol 去游学的第一个地方。当时她住在 Homestay（寄宿家庭）家里，Aida 妈妈和 Peter 爸爸除了几个常用单词外，都不会说中文。

这种类似"孤岛求生"的游学方式，"逼迫"她在一个陌生的国度，必须用一种自己不熟悉的语言，主动去跟陌生人沟通、交流。

几星期下来，不仅英语有了突飞猛进的进步，而且通过这种零距离的接触，很快地了解并熟悉了当地的风土人情。

记得当时回国后，她曾打越洋电话给在澳大利亚的 Aida 妈妈表示感谢。

整整半小时，只听见她全部用英文与远在电话另一端的 Aida 妈妈眉飞色舞地说着话，看着这一场景，着实令我吃惊不小。

这篇《海外游学1——夏天里的寒假》写于2002年2月，Carol 用简短的文字和照片介绍了她在澳大利亚游学期间的一些经历。

让我期盼已久的一天到了：2002年1月31日。

STUDENT IDENTIFICATION

MY NAME IS: *LIN YI JING*
I AM EXCHANGE STUDENT FROM: *SHANGHAI*

MY HOUSE PARENTS ARE:

MR. & MRS. PETER & AIDA GOERTZ

海外游学时的"身份证明"

在飞行了数小时之后，飞机便开始低空飞行。

那时，坐在窗前的我把目光投向了窗外：澳大利亚的整块土地都被绿色所包围，作为点缀的则是一座座像彩色蚂蚁的房子。

当飞机的机轮着地时，一种兴奋从我的心底里跳了出来！

从照片中看悉尼歌剧院，我一直觉得它是一个相当特别的建筑。而以前，我自己却从没想过会亲自到悉尼看看。今天当我真的站在悉尼歌剧院前，那种感觉让我久久回味。

悉尼大学的"古典建筑"使我难以想象这是一座大学。

去蓝山的那天虽然下着一点细雨，但大家欢快的气氛使细雨"变"为晴天。

在"Taronga Zoo（塔隆加动物园）"，我终于与澳大利亚的袋鼠、考拉"见面"了。

这次悉尼之行，让我认识了这个繁华的城市，我觉得它很有亲切感。

悉尼，我喜欢。

寄宿家庭

在澳大利亚，最重要的是沟通，不管是在日常生活，还是在语言课堂。总之，我这几个星期是活在英文里了。

飞机上，我一直在想：我的寄宿家庭是一对年轻夫妇，还是老太太、老爷爷？他们的房子好吗？他们家的小狗又是怎样的？

澳大利亚下午三点十分，在学校里进行完语言级别考试后，我

在澳大利亚悉尼的 homestay（寄宿家庭）家中

和我的同屋提着大包小包站在门口等着寄宿家庭的到来。

正当我们东张西望的时候，"Lin yi jing, come here!"只见我的澳大利亚妈妈 Aida 微笑地看着我们，说"Let's go home!"妈妈的声音好亲切！

出了门，才看见我们的"司机"——爸爸。我们把行李放进了爸爸的车后厢，正当我们四个人准备"挤"进爸爸的车子时，妈妈发话了："Hey girls, I have a car too. Two girls can come to my car, coming!"

在澳大利亚的几个星期里，我和我的澳大利亚妈妈和爸爸相处得真叫"顶呱呱"！这是我的澳大利亚爸爸 Peter 常说的一个词语。

悉尼大学和悉尼歌剧院

上海的大学我差不多都去过，但在悉尼大学待上几分钟，我可从来没想过。

走在悉尼大学的草坪上，喜欢看着带有古典味道的建筑，突然觉得它与哈利波特的魔法学校很相像。

我喜欢悉尼大学，希望有机会能到悉尼大学读书。

Carol 镜头下的悉尼歌剧院

今天，我还来到了悉尼的"引人窝"——悉尼歌剧院。

走进剧院，你就有一种感觉，但这种感觉我总说不出来，我想是新鲜的感觉吧！

一想到新鲜，就想到我第一次听周杰伦的歌《双节棍》，听到他唱得特别奇怪，我突然觉得这个世界上什么事都有。当然这么好的机会，我可不会放过我的强项——摄影。

蓝山和野生动物园

山，我喜欢。今天上蓝山，可真让我过足了瘾。

我们下蓝山，要坐一辆长长的火车，听说这是世界上最陡的火车。

我们坐在车厢里，四周都是陡峭的山坡，也没有栏杆。我们都大叫了起来："我们还年轻，不想死，我们还想多活几年！"除此之外，还有女生的尖叫。

澳大利亚素以悉尼歌剧院、袋鼠、考拉闻名于世。这次我有幸去了位于悉尼市郊的野生动物园，终于看到了袋鼠和考拉。

在与袋鼠合影时，看着它可爱的模样，我情不自禁地去触摸它，

Carol 在蓝山　　　　悉尼野生动物园

可没想到那只袋鼠却惶然逃跑,害得我们所有人都拍不成照片。

在去动物园的路上,我们在车里唱起了歌,名为"比歌赛"。

我、"胖胖鱼""瘦瘦"几个人唱得有声有色。回来的路上,一个北京队的叫"土匪"的同学学起了周杰伦,虽然难听,但我们一车人还是忍着到了站。

牧场和达令港

我从未去过牧场,所以牧场对于我来说,是比较陌生的地方。

这次到澳大利亚,我终于有机会去了一次牧场。

我们在牧场里,骑马、观看牧民挤奶、剪羊毛……

晚饭时间,我们在牧场的院子里烧烤。想想这是多么美妙。但你要是真正在牧场烧烤过的话,我想你肯定不会再希望在牧场烧烤了。

事情是这样的,因为在牧场,牛啊、马啊,都是吸引苍蝇的动物,所以苍蝇也会和我们一起"共进晚餐"。

我们一边吃饭,一边用餐巾纸赶苍蝇。一眼望去,只见所有人都在赶苍蝇,全是左右摆动的动作,跟军队似地整齐。有的人干脆

悉尼的达令港

让苍蝇盯上自己的东西,而自己则去买其他东西吃。

达令港,我对它简直再熟悉不过了,短短几天内,我们就去了数次达令港。

悉尼水族馆就在达令港,我们曾从唐人街走到达令港,也坐过火车到那儿看夜景。

我和达令港就像一对熟悉的好朋友……

2. 第二个密码

离开父母去旅行,踏出独立探索世界的第一个脚步

2002年7月,Carol参加了去英国的游学项目,他们住在素有"英国花园"之称的肯特郡·伯特莱大学内,每天日程安排包括学习语言、参加舞会、外出参观等内容。

语言学习结束后,他们又去了法国巴黎、荷兰阿姆斯特丹、比利时布鲁塞尔,以及瑞士等地旅行。

探访当地的博物馆、蜡像馆、名人故居,在巴黎的艺术宫殿中

驻足观赏、去迪士尼乐园游玩探险、品尝瑞士最好的巧克力……可以说，这几乎就是她此后边工作边旅行方式的最早雏形。

《这是一个美丽的地方》是她 2005 年 11 月从英国游学归来后撰写的。

此时的 Carol 在游学途中已经学会如何去感受、去体验新的环境，发现、捕捉，并细心观察自然之美。

跟之前澳大利亚的那次游学相比较，这次更深入、更成熟、更趋于内心化，并由此引发了她对周遭事物的更多思考。

七月的一天，带着各种憧憬与幻想，我终于飞到了目的地——英国的伯特菜。

12 个小时的飞行，令我们早已疲惫不堪。但一到那，我便被新鲜的空气、美丽的风景、灿烂的朝阳所吸引。这风景不是幻想，更不是编造；自然的美，美得自然，这是形容这风景再恰当不过的词了。

我放下行李，拉开窗帘，朝阳中伯特菜的浓厚田园气息马上感染了我。

下了楼，顺着桑树小道漫步着，我从桑树中的间缝中望去，是一望无际的马场。

绿色的草坪仿佛连着蔚蓝的天空，而加以点缀的则是一匹奔腾的快马。

我想不只是我，一切有烦恼的人看到这美丽的景色，都会抛开烦恼，融入这美好的自然中。

除了到处是绿色外，最为显眼的是那片木色的小木屋，大大小小，随处可见。

我想，意味着放松、自由不羁的小木屋，也算得上是唯一适合"朴实"二字的"生命体"了（我一直把它当作是有生命的，因为它使得烦扰的世界返璞归真了）。

沿着绿色中唯一的一条小路，我不知不觉地走到清澈的湖边。帆船、鸭子等在湖泊上，点缀了这透明的湖。

湖对岸，一座山坡直立在湖中，阳光洒遍了湖泊及山坡。一眼望去，山坡上牛啊、羊啊，隐约可见。

穿过一片广阔的树林，便是休闲场所。

木头材质的小桥架在一条窄长的小溪上，桥边是用废弃的轮胎做的秋千。

踩在松松软软的枯叶堆上，一座小木屋凸现于眼前。木屋的一头连着一棵大树，虽然很危险，可我们还是经常爬，说实话，换了谁也不会愿意错过上好的世外桃源。

这一切的一切，都是自然与美的和谐。

一个美丽的地方，一个令人心驰神往的自然……

3. 第三个密码

   单丝不成线，独木不成林

《寻宝之夜》讲述了 Carol 在英国伯特莱学校的一次"国际夜"活动中合作寻宝的故事。

Carol 在文章最后对于"合作"一词给出了她的释义:"没有人可以完全独自去完成一件事情,而合作的意义就是帮助彼此实现梦想。而且合作并不仅仅如此,它还是友谊的一种表达。所以无论最后的成败如何,拥有合作的回忆或是将来,我,是快乐的!"

在英国伯特莱的第十五个晚上,又是四天一次的"国际夜"。

按规定,我们成立了一个由三个不同国家同学所组成的队伍。那晚的任务是与小组的同伴合作,根据纸上的提示,寻找藏在学校各个角落的"宝藏",并写下印在上面的密码,看谁最快、最全,便为胜者。

我和我们小组有五个人,在那个让人有些毛骨悚然的森林里发现了第一个宝藏。可是它在树上,所以我们决定搭"人梯"把"宝藏"给"请"下来。

于是,一个香港女孩帮我们照着灯,我们则试着爬上一个又一个人的肩,可是一次次都失败了,每次都摔倒在草地上。最后我们让美国男孩 Sam 爬上树,我在下面帮他照灯,其他三个人则准备记好"宝藏"上的密码。

这招挺有用的,我们很快就找到了第一个密码:"合作愉快!"

我们接着往前走,来到了提示上的教学大楼。可是大楼前的一片空地,就算我们趴着找,也找不到什么。

于是我们决定分组行动,绕着大楼,查看其他地方有没有绑有红色标签的"宝藏"。可绕了一圈,还是没有找到。

当我们坐在石阶上开始聊起各自国家时,香港女孩突然兴奋地让我们去看她发现了什么。

"是我们国家古时候看时间用的仪器!"我欣喜地说道。

更令人高兴的是仪器的箭头上绑着我们要找的红色标签。于是我们马上抄下仪器上贴着的密码:"胜利就在不远处!"

我们一边赶路,一边讨论着最后的密码会是什么。

继续依照提示,我们来到了足球场。球场里的球好似空中布满的星星,杂乱地在球场里"歇"着。

"肯定是前面的人把它们搞乱了!"意大利男孩说道。

"你肯定密码会在这里面的一个球上吗?"俄罗斯女生问道。

我说:"如果是的话,那我猜最后的密码就是……"

"恭喜你们,因为齐心协力的努力,可以得到这里所有的足球!" Sam 抢着猜道。

"那么,我们开始吧!"我旁边的香港女孩说道。

于是在夜幕中,你可以看到五个来自世界各地的人围坐在球场上,两个男孩把球传给女孩,女孩则细心地寻找着红色的"胜利",还有个美丽的女孩站在球场中央捡着球……

"找到了,"俄罗斯女孩叫道,"胜利就在前方!密码是'胜利就在前方!'"

我们于是狂奔向大厅,奔进了那个有冷气的房间。可是我们晚了一步。

虽然最后没有得奖,但那个香港女孩却给了我们一个甜美的微

运动、动物、旅行与性格:让孩子勇敢飞翔,不惧挑战

英国伯特莱学校教室一角　　　小小"联合国"

笑:"Can I go with you guys next time?"(下次,我还能跟你们一起吗?)

没有人可以完全独自地去完成一件事情,而合作的意义就是帮助彼此实现梦想。而且合作并不仅仅如此,它还是友谊的一种表达。所以,无论最后的成败如何,拥有合作的回忆或是将来,我,是快乐的!

怕动物的妈妈和爱动物的女儿

从小到大,我一直都很怕猫、狗等动物。

有女儿之后,我发誓绝不能让女儿也像我这样。于是在她很小的时候,每当看见猫、狗时,尽管内心极度恐惧,但我总是强作微笑,以尽量不让她感觉到我的恐惧,因为只有看到了妈妈的微笑,她才感觉踏实、安全,才不会害怕。

我的这番"努力"并未白费。让我颇感欣慰的是,女儿非但不怕任何动物,而且还非常非常热爱、并亲近它们!

1. 因为你爱，所以我爱

在 Carol 很小的时候，曾相继给她养过两只狗。其中一只是腊肠犬，还有一只好像是中华犬。

第一只是朋友送的，刚生下不久，我们给它取名叫 Judy。

刚抱来我家时 Judy 还很小，我们买了个草编篮子给它当小床，就放在 Carol 的小床下面。等它开始又蹦又跳的时候，极度怕狗的我开始担心起来。

每次回家，还没进屋，就能听见 Judy 在门口不断用爪子抓门的声音，我怕它会一下子跳到我怀里，就让 Carol 先进屋。每次在 Carol 和 Judy 互相亲吻对方脸的时候，我就乘机"逃"进屋内。

因为怕狗，所以每天晚上我总是早早地上床，然后就在床上写东西，做事情。Judy 就趴在我们床下，一动不动的。我知道它能感受到我怕它，所以它从不靠近我，为此我很自责。

周末时，Carol 的爸爸会教 Carol 给 Judy 洗澡。洗完澡的 Judy 静静地躺在他俩的怀里。我人生中第一次抚摸了它，怪怪的感觉。我想如果它一直这样待着不动的话，也许我就能渐渐适应它了。

Rainbow 手绘作品·狗

很快，它开始会蹿上蹿下，而且会飞速奔跑。无奈之下只能将Judy送给了朋友。

Judy被抱走那天，Carol在楼下一直目送着它，直到看不见时，她突然地哭了，哭得整条弄堂里的人都听见了。

这是我一辈子都记得的哭声。

后来Carol4岁那年，在我和她共同主持的一档电台音乐节目《环球Hi-Fi》六一特辑节目的最后，Carol说："我有一个最好的朋友——小狗Judy，她现在已经离开我了，我想告诉它，我很想它！"

第二只是她爸爸送她的生日礼物，不记得名字了。

原本想在它很小的时候开始慢慢适应它，可不巧的是，那段时间我正好去香港出差，等回来时，它又长大了。

因为我怕它，所以就在阳台上给它安了个小窝，我和它"各自霸占一角，相安无事"。

记得那是个夏天，有一天我正在书房内写东西，突然觉得脚下痒痒的，似乎有什么东西在触摸我的脚。

我低头一看，顿时尖叫起来，原来是那只狗。我飞快地逃到客厅，最后直接就跳到沙发的边沿上面。

那天，有好多朋友正在客厅谈事儿，见到此番情景，朋友刘星冷静地、一字一句地对Carol的爸爸说："别养了，再养下去，Rainbow会疯的。"

在朋友们的笑声中，我们终于决定把它送走。

那次，Carol没哭，她贴心地对我说："妈妈，等我长大了，有了自己的孩子和房子，我再养条狗，好吗？"

Carol在间隔年的时候曾做过一段时间的中文家教，Jenifer和她的两个儿子都是Carol的学生。

Jenifer家有条很大的金毛犬，Carol很喜欢它。每次周末时，Jenifer和她先生会去酒吧，就让Carol做俩男孩儿的Babysitter（临时照顾幼儿者），她的工作不仅要照顾好男孩，给他们讲故事，让他们上床安然入睡，还要照顾好那只金毛犬，喂它吃东西、带它去外面溜达……

Carol说，深夜，当她坐在躺椅上看书时，那只金毛犬就会静静地躺在她身旁，一动不动地陪伴着她……我想，那应该就是她儿时曾经梦想过的一幅画面吧。

那一年，那段时间是Carol的快乐幸福时光。她爱Jenifer家的那只金毛犬，即使它将Carol特别珍惜的一件衣服咬成了碎片。那件衣服是她的另一位学生妈妈送给她的，是上海美国学校的一件非常漂亮的冬季校服。

狗是Carol最好、最忠实，也是最爱的朋友。所以也是我最好的朋友，尽管我怕，但我却爱它们。

2. 对不起小呼，我没法说服自己把你带回家，可是我真的真的很想念你

很多年前，当我和Carol在音乐学院宿舍楼后面的一片树林中，

把我们家那只养了快大半年的堪培拉兔兔埋在那儿时,只是为了让 Carol 知道,我们要像尊重家人那样尊重它!但说实话,那就只是个仪式而已,我并没有真正感受到那种发自内心的伤悲。

但就在前段时间,当我和小呼告别时,突然有种生离死别的感觉,这是我有生以来对动物产生类似于亲人之间告别的感受。

Carol 在一旁扎心地说:"你现在终于明白,小时候,当你送走小狗 Judy 我大哭时的那种切身感受了吧。"

小呼是我们家猫咪 Röslein 的中文名。因为"Röslein"是个德语单词,意思为"小玫瑰",因其发音有些难,所以朋友们干脆都亲切地把她称为"小呼"。

2017 年年底,因为 Carol 和小塔一早要飞哥斯达黎加,而且要在那儿待上两个多月,所以只能把小呼送到 Carol 的老爸那儿去。

前一天晚上,我们从外面聚餐回家,居然看到小呼趴在床上,喵喵地直叫唤,令人伤心极了,因为平时它几乎一直就窝在衣橱里,只有到用餐时才会跑出来。

小塔说,它"已经意识到要和我们告别了。"

我们家小呼(Carol 拍摄)

当小塔将小呼放入猫猫的旅行包里,我突然之间第一次和它产生了一种如同家人离别时的心痛感觉。

一路上它喵喵地叫个不停,直到将它和旅行包一起放到 Carol 老爸车上时,它才突然变得安静起来:它知道自己将要去哪儿了。

我伤心地问小塔:"等你们两个月后回来,小呼还会不会记得你们?"

小塔笑着说:"当然,猫很聪明的,它不是金鱼,不可能忘记我们的,60 天回来以后依然会记得我们是谁,就像它现在已经知道要去哪儿一样。"

记得 Carol 小时候曾和她一起看《英国大不列颠百科全书》,书中曾说过金鱼几乎没什么记忆力,这也就是它在金鱼缸里游来游去,却从来不觉得无聊的原因。

我继续问:"猫很聪明,狗也很聪明,哪个更聪明呢?"

Carol 说:"猫的聪明与狗的聪明不一样。猫是通神灵的,它有九条命。"

这之前,Carol 和小塔曾三番五次地劝我把小呼带回家,可我就是下不了这个决心。

或许,这辈子我已不太可能像 Carol 和小塔那样,和小呼吃在一起、睡在一起……但至少我现在已经在心理上克服了恐惧,不再像以前那么害怕它,它俨然成了我牵挂的一个亲人。

2016 年我特意买了条漂亮的红围巾送给小呼,暖暖地和它一起迎接新年的到来。

我们家小呼（Rainbow 拍摄）

感觉我们家小呼应该是一只内心特别敏感、情感世界特别丰富的猫咪。是的，没错，如果我们懂得猫咪世界语言的话，或许此时此刻，小呼会告诉我它的思念……

就在我写这篇文章的时候，我想起了小呼令人怜爱的眼神及其叫唤声。

我想我已经尽力了，一个如此惧怕动物的人，能够这么近地待在小呼身边，能够独自一人给它喂食……所有这些对于我来讲已经是一种极大的进步与自我超越了！

对不起小呼，我没法说服自己把你带回家，可是，我真的真的很想念你！

3. 从观望、接纳到牵挂——《怕猫人日记》摘录

小呼是 Carol 于 2016 年年初时收养的一只流浪猫。

第一次看见小呼，我和它都因为彼此受到惊吓而四处逃窜，随后便"老死不相往来"……而如今，我俩已经可以同处一室，各自"霸占"一角"相安无事"，并且已经把它视为家人。这期间，我，

一个怕猫人经历了从恐惧、挣扎,到关心,其至牵挂的一个心路历程,复杂且微妙。

第一阶段:观望

2016 年 1 月 17 日

谁都知道我怕猫怕狗,这恐怕早已是众所周知的秘密(不过请别误会,我只是怕,但并不讨厌)。前两天,当女儿轻描淡写地告诉我,她收养了一只小猫,瞬间令我五脏六腑都翻腾了起来,第一反应就是:请把它送走!

就在刚才,女儿晒出了"Röslein"的一组"写真"照,如此看来,收养它似乎已成定局。

从照片上看,Röslein 的毛色还算漂亮,一副惹人怜爱的模样。

不过,欣赏与相处完全是两回事。新年伊始,又一个进退两难的难题与挑战摆在了我的面前!

2016 年 2 月 5 日

我们家 Baby girl "Röslein"上电视啦!

虽然在镜头前,Röslein 看起来有些怯怯的,但毕竟这是它的第一次嘛。说实话,它还蛮上镜的,尤其是在一群活泼的狗狗中间,它显得超级萌萌哒。

据女儿介绍,自打 Röslein 上镜后,其知名度"与日俱增",俨然已成了一只"名猫"。哈哈哈哈……

运动、动物、旅行与性格:让孩子勇敢飞翔,不惧挑战

Fievel

2016 年 5 月 22 日

继 1 月份收养了第一只流浪猫 Röslein 之后，上周末 Carol 又收养了一只流浪猫，叫 Fievel，我给起的名，取自我和女儿共同喜欢的一部迪士尼动画片《老鼠移民》中那只可爱的老鼠之名。哈哈，一只猫却取了个著名老鼠的名字，是不是带有点讽刺意味！

一开始，对于收养 Fievel 一事，Carol 是瞒着我的，她推托说只是在家中暂时寄养一周而已。直到看见她发的微信后才得知"生米早已煮成熟饭"！Carol 说，如果她不收养，Fievel 就只能流浪

Good night Röslein（晚安，Röslein）

Good night Fievel（晚安，Fievel）

在大街上……听了这话，即使再怎么怕猫，我还能说什么呢？

看着女儿私信发来姐弟俩的照片，第一次有了一种想照顾非人类的念头，这念头一经产生，竟然连我自己都吓了一大跳！

瞧瞧，姐弟俩的睡姿简直一模一样！

第二阶段：接纳

2016 年 6 月 13 日

There is no place like home!（没有地方比得上家里！）

三天的端午节小长假当劳动节用。

Carol 和 Röslein 的新家终于搞定！作为老妈和"外婆"，可没少出力！爱你们！

搬新家前，女儿特意将 Röslein 送去做结扎手术，顺便寄养他处几日。

没想到，做结扎的医生在手术中意外发现 Röslein 腹中居然怀有四胎，且已有一月之久。

惊闻此事，女儿大呼"怎么可能"？因为自年初收养之后，除了打针看病，它就根本没独自出过门，哪来的猫宝宝？！

左思右想才恍然大悟：上个月 Carol 去西班牙时，曾把 Röslein 送去和它的兄弟们待过一个多星期，莫非……

难怪这段时间内，Röslein 反应异常，出现拉肚子现象，貌似萎靡不振……

原本还以为是它嫉妒新弟弟 Fievel 的到来，与 Fievel 争风吃醋，

运动、动物、旅行与性格：让孩子勇敢飞翔，不惧挑战

Röslein 与弟弟 Fievel

连相继为 Röslein 看过病的几位兽医也都将这些异常状况归结为其心理问题……

为此，Carol 不断耐心地为 Röslein 进行心理疏导，希望能缓解它和弟弟的关系，却终未果。无奈之下，最后只能送走弟弟 Fievel，借此改变现状……

唉，做猫妈妈难！做俩猫的妈妈更难！做孕猫的妈妈则难上加难！

如今，Röslein 做了结扎手术，而弟弟 Fievel 也被无奈送走，一切又似乎恢复到了原来状态。身上还缠着纱布的 Röslein，再次独自"霸占"并"享受"着 Carol 妈咪的万般宠爱，以及 Rainbow "外婆"的一丝牵挂……

热闹、复杂的"二猫"时代又重新回到了安静、简单的"独猫"时代。

2016 年 6 月 24 日

今晚，女儿邀请我去她的新家吃晚饭。

"独猫"时代

这是我第一次如此近距离地跟我们家的 Röslein 一起"共进晚餐"！

从烹饪到收拾、整理，整个过程都由菜鸟级小主妇 Carol 一手操办。尽管我什么都没干，却一点都不轻松，因为一个晚上我所有的关注点几乎都放在了密切掌握 Röslein 的行踪上，生怕一不留神她就会"主动"来和我"亲密接触"……

不过，今晚的这顿晚餐却促成我——一个怕猫人拍摄了人生中第一部"猫咪写真集"，而 Röslein 则自然而然地成了我的第一位"猫咪模特"！

这要是在以前，几乎是不可能，或者说根本没法想象的！But, I did it!（但是，我做到了！）

为了不"打扰"我安心吃饭，Röslein 要么爬到衣柜顶上待着，要么就钻入床底下……

当看到妈咪和外婆坐在床上聊天时，Röslein 会在床边喵喵直叫，也想来凑个热闹，但每次都因为外婆害怕，被妈咪苦口婆心地"劝退、制止"，之后便会知趣地躲到一边，一副无所适从的样子。

洗碗时，Röslein 一直在水池旁静静地看着妈咪 Carol，偶尔也会摆些姿势让我拍照……

Carol 说，Röslein 是只特别好奇的猫，它喜欢看水，对水特别感兴趣。

在和 Röslein 相处的这三百分钟内，自己时不时地会因为 Röslein 的跳跃而本能地发出尖叫，或表现出慌乱"躲闪"的窘态，不过当 Röslein 待在 Carol 身边时，我就会感到特别安心。

第三阶段：牵挂

2017 年 4 月 6 日

这是 Carol 第一次带我们家的猫咪 Röslein 出"远门"。

因为 Carol 忙于工作，Röslein 基本上每天就单独在家，颇感寂寞，Carol 一直都想给它找个伴。Röslein 胆儿特小，平时只要有陌生人来，它就会往床底下躲……所以，Carol 决定带它出去壮壮胆。

他们来到了静安雕塑公园。在公园的大草坪上，Röslein 第一次与大自然之间有了零距离的接触。

一开始将 Röslein 放在草坪上时，它似乎对周遭的环境非常害怕，习惯性地往猫笼子里钻。不过慢慢地，它开始"放松"了下来……

Carol 用绳子极其小心地牵着它，怕它跑丢了。只见它一直向灌木丛中跑去，原来在那里有只受了伤的鸽子。

起先，它俩互相对视了好一会儿，经过了给鸽子喂食的一个过程之后，用 Carol 的原话来说就是："Röslein 和鸽子做了朋友"。

看来以后得多带 Röslein 到外面的世界去看看、玩玩,这将有助于它的"身心健康",跟我们人类是一样的!

2017 年 6 月 15 日

今天去 Carol 家,起先一直都没看到 Röslein,Carol 说它现在每天就喜欢在衣橱的"二楼"上面舒舒服服地待着。

"它会自己开衣橱?"我觉得太神奇了,于是问道。

"当然,我们家 Röslein 很聪明的,况且这个衣橱的门是滑轮的,开起来可能容易吧。"Carol 得意地说着。

Wow(哇),看来 Röslein 的新居生活与原来真是大不相同啊。

见到 Röslein 的第一面,是 Carol 打开衣橱门,招呼它"下楼"享用午餐。可怎么叫都叫不下来,后来 Carol 索性把它"强行"地抱了下来。唉,现在有了小塔,Carol 的威信骤然降低不少。异性相吸嘛,就这么简单!

瞧,这是小塔专门为 Röslein 添置的,既可当作它的"饭厅",又是它的"小游乐场"。

吃完午餐,它就直往它的猫沙盆里钻。

我等它一进去,就立刻蹲守在对面,并拿着手机候着。等它一出来,哈,正好活捉!

看见我拍它,Röslein 极不情愿,装腔作势地看着旁边,心想:哼,看你能蹲多长时间?

果然没多久,我的腿蹲得有点麻木了,于是等我一站起来,它

运动、动物、旅行与性格:让孩子勇敢飞翔,不惧挑战

就迅速地跐溜一下"滑"过我身旁溜走了。

直到我离开,就再没见过它了。估计应该在衣橱二楼待着吧。

2017 年 8 月 12 日
为我家 Röslein 公开征友

Röslein:
一只知书达理、爱书的猫
性格爱好:
性格胆小、怕生;
喜欢看书、喜欢趴在书上睡觉;
会自己开、关衣橱;
喜欢和主人一起听音乐;
喜欢抓蟑螂和苍蝇。
喜欢吃的食物:
喜欢吃金枪鱼类的猫食。

Rainbow 手绘作品·
两只安安静静看书的猫咪

备注:

已结扎,不能生育。

Mr. Right:

知书达理、喜欢看书、听音乐;

性格安静、体态健硕、勇敢;

懂得体贴、保护 Röslein;

愿意为 Röslein 开、关衣橱和猫沙盆;

不介意趴在书上,尤其是趴在英文原版书上睡觉;

最好能听得懂英文;

没有不良嗜好之猫咪优先考虑。

爱之宣言:

一起醒来,一起看书。

执子之手,与子偕老。

Rainbow 手绘作品·Mr.Right 的样子

运动、动物、旅行与性格:让孩子勇敢飞翔,不惧挑战

4. 第一次独立为小呼喂食——新《怕猫人日记》

请设想一下，如果将一个怕猫的人和一只猫关在一个屋内，会发生什么？

按照常理，你或许会猜：听到几声惨叫，然后就看到那个怕猫人四处逃窜，再然后听到门砰的一声被狠狠地关上了，那个怕猫人夺路而逃……

哈哈，No，No，No，No，这只是曾经的一个场景，并不是你将要看到的画面。

我就是那位怕猫人，下面且听我慢慢道来。

站在房门前，立刻开启了小说家思维模式

这是我，一个怕猫人跟我们家小呼（我们家猫猫的名字）的第一次"独处"。

一天晚上，因飞机误点滞留在机场内的 Carol 打电话给我，叮嘱我周日去她家为小呼喂食。

随后又在微信上相继发了几张图，告知每种食物的具体所在方位，以及如何调配食物配方，事无巨细，最后还贴心地补充了一句："下午去吧，晚上担心你怕。"

"哈，如果真关心我，最好就别让我去做这件事！"我心里嘀咕着，可是，哪有外婆因为害怕而不顾小呼死活的，这实在说不过去，要被"骂"的。

就这样，尽管内心不断纠结着，可最后还是去了。

停好车的那一刹那，看着门卫师傅的背影，我曾想开口请他一块儿上楼去帮着做这事，可 Carol 发在群里的那句话此时在耳畔想起：

"我和小塔都相信你，就当作是一次喂猫的冒险之旅吧！"

对呀，多好的一个机会，战胜自己这个弱点，于是很快地就打消了这个念头。

拿着钥匙站在门外，想开，又不敢开，脑子里想象着几种可能性：

第一种，小呼以为是 Carol 和小塔回来了，猛地扑了上来与他们"亲热"；

第二种，小呼一看见有人开门，"嗖"地一下跑出门外，就像她们第一次见面时的场景；

第三种，小呼跑了出去，就再也不回来，并开启了一只猫的旅行模式，就像我前阵子一个人去南京旅行一样！

第四种，那就是在一只猫的旅行当中，小呼遇见了她的那只 Mr.Right，从此它们在这世界上的某个角落幸福地生活在一起，就像所梦见的那样！可这样的话，它就不会回来了。

终于要开门了，接下来究竟发生了什么

如果这时候 Carol 和小塔回来，他们一定会觉得很惊讶，因为开门之后，并没有发生预想中可能发生的惊悚一幕，反而看到的画面是：我正悠闲地待在屋内，想干吗就干吗。

运动、动物、旅行与性格：让孩子勇敢飞翔，不惧挑战

让我们来回看一下，到底发生了什么？

当我用钥匙打开那扇门，下意识地往后退了几步，等到看见屋内一切正常，不见小呼猫影，便先抬起了右脚跨了进去，随后又将左脚也跨了进去。

于是，我开始放松警惕，关上门，打开灯……

突然，被喵一声再次惊扰，原来是小呼，它慢慢地踱步到我跟前，因为速度很慢，所以我并未感觉害怕。

我深情地叫着小呼的名字，不过小呼并不领情，又径直回到它的小天地——衣橱内，待在那儿就再也不出现了。直到后来……

哈，再来看我。我也开始无视小呼的存在，索性自由自在地出没于屋内的各个角落。当然我并没有忘记今天来这儿的重要使命：喂小呼猫食。

严格按照Carol给出的配食比例，先从橱柜中拿出小呼的干粮，又在冰箱内找到小呼的湿粮，随后将它们各自一半，分别倒入食盘中。

好了，一切准备就绪。

我开始不断地、深情地叫着小呼，还学着猫叫声，可是没有得到任何回应，几次下来感觉有些无趣，准备放弃。

却没想到，此时小呼就站在我身后，深情地望了我一眼，然后慢慢走到食盘前，美美地吃了起来。

这时候，我突然意识到，转身去拿手机拍下这一幕，因为我想发给Carol，让他们看看：怎么样，任务完成得还不错吧。

怕猫人和小呼的正面交集开始了

大约过了十分钟,小呼似乎吃饱了,挺起身板,在地上做了一个拉直前倾的漂亮动作。我琢磨了半天,觉得这个类似芭蕾舞演员的动作应该是表明它吃得很满足的意思。

随后,我开始屁颠屁颠地跟着小呼,小呼走到哪儿我就跟到哪儿,明显有种讨好的意味。

这些写真照片都是我一张一张为小呼倾力拍摄的,此时的小呼就像是一位大牌明星,摆了好多姿势:随你拍,怎么拍怎么好。

最后,她看我拍累了,便拍拍屁股走了,又上它的小天地去待着了。

此时,我则坐在小呼刚拍照的沙发上,先选了两张小呼的猫食照片,写了几句振奋的话,随手发了个朋友圈。

之后又选了几张小呼的写真照,发给了 Carol 和小塔,没过多会儿,Carol 回复说:"哈哈哈哈哈哈啊哈哈,一看就是很远地方拍的。"

"哪有,是很近拍的,而且它很配合我,现在它跟我好像亲近

Rainbow 为小呼拍摄的写真照

运动、动物、旅行与性格:让孩子勇敢飞翔,不惧挑战

起来了。真的！"我急着用语音辩解着。

Carol 回复了一句："因为它很孤单！"

看到这儿，你或许会觉得：这有什么可怕的呀，就一只猫而已。

可是，如果你要是看过我一年前写下的《怕猫人日记》，或者再远一些的，我的朋友们都知道的一个事实：只要一看到猫和狗，我就会吓得立刻不管三七二十一地逃到任何地方，甚至跳到家具上面。

如果知道这些，你或许就不会这么想了，并且一定会为我这个怕猫人拼命鼓掌，然后说上一句我最想听到的话：你真了不起，干得好！

这，就是一个怕猫人在翻过了 8 月 20 号这个相当吉利数字的日子之后，发自内心的，一个真实的自述！

勇敢做出改变

相信每个妈妈在孩子出生前都曾在自己心里画过一张美好的图画，关于孩子将来成为一个什么样的人，我也是。

Carol 出生前，我曾理性地对自己身上的弱点做过一番分析，比如胆子小、怕动物、恐高……我不希望 Carol 将来也像我这样，我希望她是一个勇敢、健康、喜欢挑战、爱动物、爱运动的女孩儿。所以她一出生，我们就把她扔进了游泳池、带她去热带风暴、玩高空游戏……有意识地帮助她从小建立一个良好的运动习惯，养成一种不畏惧挑战的独立性格，包括一颗爱护动物的心。

我很喜欢希拉里·克林顿在《亲历历史》那本书中说过的一句

话。她说:"切尔西,我们两个都是新手,我没当过妈妈,你也没当过宝宝,我们都努把力,彼此帮个忙吧。"

就在 Carol 朝着所期望的那个模样慢慢长大的过程中,我也随之在不知不觉地改变着自己。

我和 Carol 曾一起养过狗、养过鸟,还养过兔子、金鱼和乌龟,尽管都半途而废,但我想通过这种亲历亲为的方式让她知道,尽管我害怕,但我们依然要学会善待、尊重自然界中的每一种生灵,学会与它们相处并关爱它们。

这个过程中的真正考验与改变是从 Carol 收养了流浪猫小呼开始的。从《怕猫人日记》中的恐惧挣扎、观望接纳与关心牵扯,到《新怕猫人日记》中的与之独处、喂食,你所看到的正是一个原本胆小、极度怕猫的妈妈,是如何一步一步克服自己的弱点,让内心变得更加强大起来。

我想,这一切的改变都源自爱的力量!爱能激发一个个体的无限潜能,正是因为爱的滋养,Carol 才会不受制于我的局限。也正是因为爱,我才愿意去突破自己的极限,不断地改变自己。这就是爱的力量,爱让每个人的人生都拥有无限可能。

如今,小呼俨然已成为我们这个家庭中的一分子,成了我时刻牵挂的一个家人。

如果有一天,我真的能内心毫无恐惧地跟小呼并排坐在一起,我想这可能是对我自身弱点的最大超越与进步了。这,也正是 Carol 和小塔最最希望看到的。

两个女人独闯非洲肯尼亚

一个天生惧怕动物的人，因女儿酷爱动物，便追随她到一个号称"野生动物聚集与迁徙"的国度。不得不说，这是一次既有些不可思议，却又极富挑战，并令人期待的旅行！

抑制不住的兴奋与恐慌，以及对自我的怀疑与肯定，同时交织在一起……

经过了长达 14 小时的长途高空飞行，加上在埃塞俄比亚机场近 6 小时的中途转机，终于到达了肯尼亚首都内罗比，开始了我们 7 天 6 夜非洲肯尼亚旅行计划。

1. 不去 Safari，你干吗来肯尼亚

到肯尼亚不去 Safari，就等于白来一趟。

Safari，原意为"狩猎"或"游猎"，如今已演变为"等待动物出现并经过"的意思，只不过原先狩猎时的工具是枪，现在变成了你的眼睛、手机或相机。

Ben 是我们在当地请的私人司机兼向导，他把 Safari 的过程比作钓鱼。

整个过程中你必须有足够的耐心，你必须仔细观察草丛中的一举一动，可能在很长的一段时间里，你完全看不到任何动物。这时，你必须调整好自己的心态，耐心等待。

站在装备车上的 Carol 就像是一个沉着老练的猎手，左右环顾、

Rainbow 手绘作品·狮子

仔细观察,密切关注着周遭一切动向,眼神中充满着一种对猎物的渴望与期待!

这次在肯尼亚,我们一共有三次 Safari 的经历,每一次感受都不同,当然收获也不同。

Safari 途中上演的一出"血腥戏剧"!

我们的第一次 Safari 是在安博赛利国家公园,没有恐惧、没有尖叫、没有肾上腺素飙升。

一个天生惧怕动物的人,第一次如此平静、近距离地观察、感受野生动物,不可思议!

从早上六点多在路边遇见的第一群斑马开始,我们先后又遇见了羚羊、长颈鹿、鬃马、犀牛,还有鸵鸟、大象……而且越往里走,我们发现,草越来越密集,植被也变得愈加丰富,野草、棕榈树、沼泽地,所有这些似乎都顺应着不同动物的生存需求而自然生长。

这最初几小时给我们的感觉就是,这群只吃草、不食肉,处在食物链最底端的素食主义者们,似乎都遵循着约定俗成的若干规则,既互不干涉,又相互关联,且极其和谐地生活在同一片领地上!

运动、动物、旅行与性格:让孩子勇敢飞翔,不惧挑战

从我们的车前经过的"长老"大象　　从左边"卧室"排队去右边"饭厅"吃早餐的斑马　　"血腥戏剧"中的主演们——狮子、斑马和大象

不过,这种宁静很快就被打破了!大约 10 点,我们接到园区报告,某处发现狮子。于是 Ben 加大装备车油门飞速赶了过去。

(注:每辆 Safari 的装备车上都装有无线电装置。)

只见三只狮子正在同时撕咬一匹斑马,当它们发现大象朝它们走来,便立即四处逃窜。

大象鼻子叼着一根木棍,缓缓地朝着斑马走来,看上去似乎想来救它的朋友,直到它走近后确定斑马已死,才扔掉鼻子上的木棍,缓缓离去。

于是,三只狮子再次上前继续撕咬那匹斑马。

而就在不远处,成群结队的斑马,有的在观望,有的则自顾自地低头吃草。

第一次 Safari 途中所上演的这一幕真实的"血腥戏剧",不仅让我们第一次目睹了狮子撕扯并吞食斑马的整个过程,而且让我们在短短的一个上午,分别领略到了非洲野生动物世界的宁静与喧嚣、温和与残酷!

Safari 途中除了对动物，还有对树和云的惊叹

和安博赛利国家公园一样，马赛马拉国家公园也是 Safari 的一个好去处，我们后两次 Safari 都是在这里进行的。

我们到达马赛马拉国家公园时已近傍晚时分。或许是因为刚刚下过雨，无论是园区还是动物，看上去都特别干净。

马赛马拉国家公园地处东非大峡谷谷底，因为有水的滋润，与安博赛利国家公园的一片尘土相比，在这里看到更多的则是一大片草地。

虽然一路上只看见了一些斑马、鬃马等在悠闲地吃着草，但期间所抓拍到的绝美自然景观的感觉，绝不亚于看到狮子、猎豹时带给我们的那份惊喜，可以说这是我们第二次 Safari 途中的最大收获！

Safari 途中一顿特殊规格的"午餐"！

用"幸运"及"特别"这两个词来形容我们的第三次 Safari，也许是最恰当不过的了。

一大早，我们就和两个狮子家族，在仅一米左右的距离内，面对面、无声地共处了一个多小时。它们的温顺、慵懒，让我们几乎

傍晚时分的非洲树

运动、动物、旅行与性格：让孩子勇敢飞翔，不惧挑战

忘了它们同胞撕咬斑马时的样子。

睡觉时的狮子，就像人类一样，时而平躺、时而侧卧。它们熟睡之后耳朵会抽动，整个身体上下律动，和周遭环境十分吻合。

离开狮子家族后，我们又相继幸运地遇见了猎豹、水牛、河马，还有鳄鱼。

至此，在肯尼亚，除犀牛外，"非洲五霸"中的其余四霸——狮子、象、水牛、猎豹，我们都见着了，真是没白来，尽管被晒伤，但值了！

马赛马拉国家公园横跨肯尼亚与坦桑尼亚两个国家，中间有一条河被称为"马拉河"，河对面就是坦桑尼亚。当我们远眺时，清晰地看到三头狮子正在河的那头注视着我们。

Ben 说，两边的狮子可以跨过这条河，但人不可以，即使有人想偷渡过河，也是完全不可能的，因为有狮子在，狮子就像是这条边界线的守护神。

正在休息的母狮家族

这次的Safari有些特别！

出发前，Ben郑重地叮嘱我们去洗手间方便一下，因为今天Safari途中没有厕所，如果到时候想方便，就只能找一片合适的草丛来解决。

Ben的这番话，令我们既担心又兴奋。

终于，在非洲野生动物王国的领地上，我们第一次从安全的装备车上走了下来，在一棵树下留下了我们的"黄金"；又在另一棵树下和躲在某处窥视我们的动物们一起"野餐"；还在一片草丛及山丘上完成了Carol的首次"肯尼亚写真"。

在草坪上享用一顿特殊规格的"午餐"　　　　Carol的首次"肯尼亚写真"

这一切都要归功于Ben！Ben有着猎人般的敏锐嗅觉及鹰一般的眼力。凭借他多年的经验，他知道如何根据不同地势情况，来确定什么地方可以停靠，什么地方不可以停靠。通过这几天相处与观察，我们绝对相信他的专业判断！

当然从某种程度而言，从相对安全的装备车上走下来，在毫

现实版《美女与野兽》
——Carol 和狮子家族

无救生装备的前提下,无论如何都是存在风险的,我和 Carol 都挺勇敢的!可以说,这是我们三次 Safari 中与野生动物距离最近的一次!

哈哈,我和 Carol 在"那头雄狮究竟是在看我,还是在看她"的问题上争论不休,因为我们都希望是那个被非洲野生动物之王所"青睐"的人!

2. 去看看凯伦的家,看看曾和她一起生活过的那些马赛人

会说英文的马赛原始部落人

肯尼亚目前共有 42 个部落,马赛部落是其中唯一现存仍以原始游牧生活方式生存的部落群体。

据说,马赛男人的成人礼就是要去亲手杀死一头狮子,如果没能活着回来,就意味着你成不了一个真正的马赛男人。

在酋长儿子的引领下,我和 Carol 专程去探访了这个部落中的

Sunte 家族。据他介绍，酋长一共娶了 10 个老婆，她们一共为他生了 14 个儿子和 8 个女儿。

得知我们的到来，家族中的十多个兄弟姐妹特意为我们跳起了一支欢迎舞，我和 Carol 也被盛情邀请到他们的行列中，和他们一起跳。这舞蹈旨在"比赛"，谁跳得最高，谁就可以"纳 Carol 为妾"，哈哈哈哈……

跳完舞之后，我们才被他们正式迎进了村子。一进村便看见村口有上百头牛，女人们在给牛挤奶；村里的小孩子也都陆陆续续围了上来。

热情的村民们还为我们现场展示了一种古老的用大象及驴的粪取火的过程。

随后，酋长儿子带我们去参观了马赛人居住的房子。房子是用牛粪、牛皮和草建造的，入口非常矮，人们得弯下腰、低着头才能进入。

Carol 和酋长的儿子
（右边站立者）

正在放牧羊群的马赛男人

马赛马拉国家公园门前
兜售工艺品的马赛女人

屋内几乎一片漆黑，唯有通过墙洞透进来的一丝光线。凭借手机电筒亮光，我们看到了两间小得可怜的屋子，一间给大人，另一间则是给小孩的。屋子里几乎家徒四壁，既破旧又压抑。走出房子时，我长长地舒了口气，许久才缓过来。

临走前，酋长儿子带我们来到了马赛村落的摊位前，摊位上摆放的全是他们自己制作的各类工艺品：书签、工艺碗、手镯、项链等。

一开始，我们只是按照自己喜好来选购，但后来几乎每个摊位的摊主都来招呼我们买他们的东西，一大圈下来让我们有些左右为难。

轮到开价时，酋长儿子用最古老的谈价方式——用竹棍在沙地上写上一个价格，然后 Carol 也以同样方式写出我们的意向价格。就这样通过几个来回，一笔"生意"从最初开价 60 美元，最终以 35 美元成交！

整个参观过程中让我颇感惊讶且印象深刻的是，无论是酋长儿子，还是其他一些村民，很多人都能说一口流利的英文。

据介绍，部落中绝大多数人都是基督徒。

从马赛摊位上购买到
的小礼品

拜访凯伦的家

我从前在非洲有个农场,就在恩贡山脚下。我在那里种咖啡豆,给黑人小孩治病。我在非洲遇见了为自由奋不顾身的情人,热爱动物胜于人,折桂而来,情迷而往。我总是两手空空,因为我触摸过所有;我总是一再启程,因为哪里都陋于非洲。

——凯伦·布里克森《走出非洲》

我们是在肯尼亚当地时间 10 月 2 日下午两点多到达肯尼亚首都内罗毕的。一下飞机,我们便顾不上休息,提着行李箱,径直来到了位于内罗比近郊的凯伦故居。

拜访凯伦故居是我向往已久的事情,也是此次来肯尼亚的第一心愿!

这个心愿缘于我多年前曾看过的一部电影《走出非洲》,以及一段在影片中被多次用作插曲的莫扎特 A 大调单簧管协奏曲第二乐章中的绝美旋律!

凯伦(Karen Blixen),一个颇具传奇色彩的丹麦女人,为了

凯伦故居

获得男爵夫人的名号远嫁非洲，在肯尼亚生活了17年的时间，并经营了一家咖啡庄园。

其自传小说《走出非洲》曾获诺贝尔文学奖提名，并被改编成同名电影，由著名演员梅里尔·斯特里普（Meryl Streep）主演。该电影曾获第58届奥斯卡最佳影片、导演、摄影、改编剧本等多个奖项。

我们开始参观凯伦的故居。沿着狭小的门道，走入的第一个房间是凯伦的陈列室，橱柜中陈列了全世界出版过的凯伦《走出非洲》的所有版本。

书房位于走廊的左侧。

据说这里所有房间内的摆设，都是按照其原样摆放的。

放在墙角的老式留声机，是凯伦的情人丹尼斯送给她的爱情信物。依然记得电影开头时凯伦的画外音："他（丹尼斯）甚至连狩猎旅行时都带着留声机、三把步枪、一个月的口粮，以及莫扎特。"

从书房的另一扇门可直通凯伦的卧室。

根据英国传统，男爵与夫人不可同睡一居室，必须分睡不同房间。凯伦的丈夫——布里克森男爵的卧室是另外一个房间。

凯伦故居·书房

凯伦故居·凯伦卧室

凯伦故居·布里克森男爵卧室

浴室很小,但通透、明亮。书房对面是客厅,大而宽敞。屋内陈列的画作均由凯伦亲手所画。客厅一侧摆放着一张餐桌,餐桌上的文字表明:威尔士王子曾在这张桌子上用过餐。

打开客厅的门,外面便是一个大花园,从这里可以看到乞力马扎罗山。

走出故居,分别有两条石板小道,一条通往厨房,一条通向花园。借用一段话结束本次凯伦故居之旅。

凯伦故居·餐桌　　凯伦故居·客厅　　凯伦故居·花园

离别庄园的日子终于来了，我学到了一种奇特的经验，事情总会发生的，而我们自己想象不到，无论在事情发生前、发生中还是在发生后我们回顾的时候。

环境具有一种动力，凭借这种动力，它们导致了事件的发生，无须借助于人类的想象和明悟。

在这些情形中，你自己时时刻刻与正在进行的一切保持接触，就如盲人被人牵引着，一只脚跨到另一只脚前面，小心翼翼却又心中无数。

事情在你面前发生，你感觉到了它的发生，但除此之外，你与事情本身并无关系，你也没有钥匙来解开其根源与内涵。

——凯伦·布里克森《走出非洲》

3. 从安博塞利到马赛马拉

在肯尼亚的7天6夜中，我们的行程基本是以 Safari 为轴心来规划的。从第一次的安博塞利国家公园，到后来的马赛马拉国家公园，包括沿途所经过的乞力马扎罗山、东非大裂谷、纳瓦莎湖、马赛村落等，构成了我们肯尼亚自由行的核心线路。

值得一提的是这辆装备车，它几乎成了我们在肯尼亚旅途中形影不离的唯一交通工具和安全保镖，每天出行都是从坐上这辆装备车开始的。

浸没在尘土中的美

安博塞利国家公园毗邻非洲第一山峰——乞力马扎罗山。"安博塞利"在斯瓦希里语中是"尘土之地"的意思。据说一万年前，这里曾是一条河，而乞力马扎罗山也曾经是座火山。一次火山爆发后，其尘土就把这里全部覆盖掉，并最终把整条河给填满了。

从内罗毕（肯尼亚首都）到安博赛利国家公园大约4小时车程。一路上不断听到石头被碾压的声音，空气中弥漫着一股浓重的尘土味道，让人不敢呼吸。

在安博塞利国家公园的那两晚，我们入住帐篷酒店营地。虽说是帐篷，但里面各项设施和整体条件都不错，尤其是营地内自然生态环境非常棒，帐篷周围不时能看到羊群、狒狒等动物出没。

安博塞利国家公园·帐篷酒店

运动、动物、旅行与性格：让孩子勇敢飞翔，不惧挑战

幸运的话，你还可能在营地的某个角落捕捉到乞力马扎罗山的日出与日落。

整个营地是依托太阳能发电的。每个帐篷的外面，都有一个我们海尔品牌的太阳能装置，所以对早晚用电时间及 WiFi 使用时间都有严格限制，白天既看不到灯光，也无法使用电器（房间内没有空调、电视），只有早晚仅有的几小时才供电。这让习惯了随时用电的我们一开始极不适应。

在我们帐篷前
悠闲吃草的羊

乞力马扎罗山的日落
（照片来源于 Carol 微信）

因为早、晚餐都在营地解决（Safari 时可将午餐打包），这让我们有了一些与当地人接触、交友的机会，并学会了几句斯瓦希里语："Jambo"（你好）、"AsantaSana"（非常感谢）、"Kwaheri"（再见）。

4. 找个男人在纳瓦莎湖定居，可否

告别了安博塞利和乞力马扎罗山，我们驱车来到了坐落于东非大裂谷的一个美丽小镇——纳瓦莎，小镇因毗邻著名的纳瓦莎湖而

得名。

一到小镇，饥肠辘辘的我们便直奔一家路边小餐馆，吃了顿特色午餐——烤鱼。这是 Ben 特别推荐的，他每次来都会到这里。

这是我们在肯尼亚吃的第一顿当地特色餐，无论是烤鱼、蔬菜，还是盘子里像馒头一样的食物，都必须要用手抓着吃。

我们还去了趟小镇上的邮局，因为 Carol 出发前，曾答应她朋友从肯尼亚寄一张当地的明信片。

小镇的独特、宁静与简朴令我着迷。

Ben说："你应该在这里找个你喜欢的男人，然后定居在纳瓦莎。"

当晚我们住在小镇上的一个私人住宅区内，这是 Carol 事先在网上预订好的。小区很漂亮，就像一个自然风景区。

从阳台上俯瞰纳瓦莎湖景

纳瓦莎湖的美丽日出

我们住的这家主人是一对芬兰籍老夫妻，有个女儿。这两天他们正好去欧洲度假。他们的管家，还有三条狗热情地接待了我们。房子位于半山腰上，地理位置极佳，从他家阳台可清晰看到纳瓦莎湖的美景。

与河马、鳄鱼等不速之客做邻居

在肯尼亚众多野生动物园中，马赛马拉国家公园素有"王中王"之称。"马拉"在马赛语中是"斑纹"的意思。

去马赛马拉的路要比去安博赛利的更难走，其颠簸程度大大超过了安博赛利：一路上全是石头，整个车子就像过山车一样前后左右地摇晃，颠得人就好像骨头架都要散了，感觉跟泰式按摩差不多。这不由地让我发出了这样一种自嘲——让颠簸来得更猛烈些吧！

我们在马赛马拉国家公园住的是营地中的小木屋。刚入住时，便听说小木屋前面有条河，河里有很多河马，还有鳄鱼。

穿过一条长长的桥廊，我们来到了一个小酒吧，远远就听见河马沉闷的叫声，但因为天太黑，什么也没看到。

入住当晚，我们在营地自助餐厅的露天花园内用餐。

当我拿好菜肴走出餐厅时，Carol 兴奋地告诉我，刚来了几匹斑马及河马在草坪上吃草、散步，当时在室外用餐的所有人几乎都去围观。据守护在露天花园边上的门童介绍，这种情况几乎每晚都会发生。

第二天下午 Carol 游泳后去河边拍摄的照片

白天在营地自助餐厅旁草坪上摆摊的马赛妇女

晚上睡觉,大约一两点时,我突然被一种窸窣的声音吵醒。根据声音位置判断,感觉就在浴室。我顿时觉得有些害怕,不敢动弹,怕弄出声音来,赶紧继续睡。待再次醒来时发现这个声音依旧还在,只不过似乎移到了卧室屋顶上。

第二天一早,营地工作人员告诉我说,这应该是狒狒在屋顶爬行的声音。莫非是狒狒看见两位美女入住,特意来保护我们?

尽管我自己清楚地知道,如果我真碰上鳄鱼、河马、狒狒时会有怎样的一种惊恐与夸张反应,但内心还是颇有些小小得意与骄傲,毕竟我和这些随时在我们门前晃悠的不速之客们做了两天邻居!

5. 再见肯尼亚

这次肯尼亚之行,幸好我们有 Ben 一路随行!

Ben 是我们这次肯尼亚之行在当地请的私人司机兼向导,他是我认识的第一位非洲男人,他让我在野生动物面前第一次有了一种强烈的安全感!

记得当我告诉 Ben 这句话的时候,Carol 随即问 Ben:"Are you

single? My mum is single now."（你是单身吗？我妈妈现在单身。）

贴心强壮的 Ben 车技绝对高超，这一路上似乎没他开不了的路，也没他修不好的车，而且他人缘好，幽默健谈，在他们圈内颇有些领导力与号召力。

听我们这么夸他，他幽默地说或许哪天会进军政界，参选总统。

Asanta Sana（非常感谢）Ben！ Kwaheri（再见）！

既是母女，又是旅友。两个女人独闯肯尼亚的 7 天 6 夜，一个略带冒险的正确旅行决定！

去非洲肯尼亚是我和 Carol 所有旅行中为期最长，也是最挑战自我的一次。

如果要问这么害怕动物的我为什么会选择去非洲肯尼亚?答案很简单，因为 Carol 酷爱动物，酷爱挑战与刺激。肯尼亚，这个号称"野生动物聚集与迁徙"的国度，正是这样一个高度契合了 Carol 所有愿望的最佳旅行目的地。但，答案并非只有这一个。

2015 年 4 月，我和 Carol 去泰国旅行。在帕塔雅岛上，Carol 报名参加了海上跳伞、海底漫游、浮潜等一些极限挑战运动项目，我却因为恐高和胆小而缺席了与她的同行。当听 Carol 津津乐道于那些惊险有趣场面时，我隐约感觉到自己潜意识中有个声音在说：何不挑战一下自己，去尝试做一件从前不敢做的事情？

所以当我们筹划第二次海外旅行时，在几个目的地选项中，我毫无迟疑地选择了其中最富挑战性，也是 Carol 最梦寐以求的非洲肯尼亚。

与 Carol 同行的 7 天 6 夜中，我从她身上获得了一种年轻、勇敢的能量。我可以自豪地说，我终于第一次真正做到，和她共同去面对并接受旅途中的所有挑战。

旅行归来不久，在我 50 岁的生日当天，Carol 在微信上写道："Very proud of you, Rainbow! 一个天生惧怕动物的女人，半百的年纪，在动物的国度存活了一周。"我相信 Carol 说这句话时，一定是发自内心地为我感到骄傲！

在伴随、期待孩子成长的同时，你也应该随时跟上他的脚步，与他同步成长。或许，这才是父母与孩子相处的正确打开方式。

和重要的人过几天深居简出的生活

你有没有过这样一种体验：去哪儿旅行并不重要，重要的是和谁一起去旅行。因为整个旅行的目的，就只为了和那个重要的人一起去而已。

那个人可能是你的爱人或恋人，可能是你的孩子或父母，也可能是你一位非常重要的朋友、闺蜜，总之，是一个在你心中占据了很重要位置的人。

在这样的一种旅行中，你不需要掐准时间，从一个景点奔波到另一个景点，纯粹就是给自己和他一次彻底放纵的机会，哪怕足不出户。写写东西、听听音乐。累了，便抬头看看外面风景，或者索性发发呆、放空自己！

如果你从来都没有过这种体验,那我要推荐给你这样一个地方,极为适合你和那个重要的人一起去,换种旅行方式,在一起过几天深居简出的生活。

这个地方有个神仙般的名字——菩提谷。它位于杭州最高山——窑头山上。你既可以乘坐长途大巴,也可以自己驱车去那儿。

清晨醒来,两个人各享用一碗谷物早餐,然后手牵手前往建在半山坡上的山庄图书馆,一座很像私塾学堂的房子,从书架上挑选两本植物字典,找个靠窗的角落,坐下来慢慢翻看。看累了便可起身步行上山,前往坐落于古村落内的钟楼去敲钟。伴随着阵阵钟声,默默地给自己许个愿。

此时你一定觉得饿了,那就去"不问餐厅"。餐厅内的所有农家小菜,均采用他们家农场内的新鲜有机食材,土鸡汤、红烧鲈鱼、葱爆小河虾……

每一样菜品简单中透出一份精致,且清淡美味。

晚上,两个人坐在"不闻日式火锅餐厅",点上几样喜欢的食材,在火锅里涮一涮,蘸上麻香调料,吃到半饱即可。

有没有注意到,这间"不闻日式火锅餐厅"和中午的那间"不

菩提谷

不问餐厅

问餐厅",两间加在一起正好凑成成语"不闻不问",没有烦恼,优哉游哉。

晚饭过后,你们可以分开独处一小段时间,兵分两路,一个人在房间里边泡澡边追剧,另外一个可以去公共客厅看书、写东西,或者与陌生人聊聊天,围炉会友。

第二天早上睡个懒觉,然后坐在面向竹林与山峦的立地窗前,怀抱尤克里里低声吟唱,引来众人驻足窗前、侧耳聆听。

说了这么多,你有没有心动?

就是这样一个民风简朴的古村落,有种与世无争的宁静,一种深居简出的生活方式。它极其适合你带上那个重要的他,在这里独享几天,只属于你们私密的美丽时光。

有时候,旅行并不一定是要为了去一个目的地,而是一次"心里面的旅行"。

就好比是我到女儿的心里面走一走、看一看,她到我的心里面走一走、看一看。旅行的地方,不是一个国家,也不是一个地点,而是彼此的心!

弹尤克里里和坐在木桌上唱歌的 Carol

只希望你的世界永远如此宁静、纯粹

拿着十多年前拍的照片,沿着曾去过的那些地方,2014年圣诞节的第二天,我和Carol又重走了一回古镇周庄——那个记忆中熟悉的水乡。

1. 一如往昔——三毛茶楼

十多年前去周庄时,三毛茶楼是我们每天喝早茶的地方。当时据店主介绍,茶楼之所以取名"三毛",并非徒有虚名,而是因作家三毛的确光临过此茶楼。

三毛茶楼理所当然被列为"重回周庄"系列的第一站。

令人惊喜的是,一走进小巷,"三毛茶楼"的招牌赫然在目。如今的茶楼依然坐落在老地方,店内布置和摆设与当年几乎一模一样,没什么改变。

十多年前Carol半蹲在河边的珍贵照片

2014年12月,Carol站在她童年时曾站过的同一位置上留影

当我们拿出过去的照片说明来意后，茶楼店主——一位精神矍铄的老先生欣然答应与 Carol 站在同一个位置上再次合影留念。

拍照之余，健谈的店主夫人告诉我们，老照片中的另一位——她的女儿目前居住在加拿大，她还拿出女儿一家的照片给我们看。巧合的是她的外孙女和 Carol 同龄，马上快大学毕业了。

像以前一样，我们依旧各自点了杯茉莉花茶。茶香一如往昔，清甜令人回味。

2. 从"双蕊堂"到"花间堂"

以前每次去周庄时，我们都会住在三毛茶楼对面的一个客栈内。喜欢它的古色古香，更喜欢它质朴的印花蓝。从看到的第一眼起就

十多年过后 Carol 与茶楼
店主的再次合影

十多年前 Carol 与茶楼店主
及其女儿合影

十多年前去周庄时，每天早上我们
都会顺着这个楼梯到二楼喝早茶

运动、动物、旅行与性格：让孩子勇敢飞翔，不惧挑战

认定是它了。

这次,"重回周庄"系列名单中,自然少不了这家客栈。不过因时间太为久远,已完全不记得这家客栈的名字了。

一开始,我们拿着这张写有"双蕊堂"字样的匾的照片,去了周庄有名的张厅走了一遭,发现张厅内虽然挂有一块同样的匾,但匾上却写着"玉燕堂"字样,与"双蕊堂"有两字之别。接着又去了有名的沈厅,结果发现人事皆非。于是问旁边一位年轻导游。他说这张照片肯定不是在周庄拍的,我们一定是记错了。为此我和女儿还自嘲了一番,笑称其为乌龙事件。

正当我们准备放弃寻找"双蕊堂"时,谁知峰回路转。三毛茶楼的老先生看了照片后说,这个"双蕊堂"其实就是当初我们居住客栈的名字,如今已改名叫"花间堂"。

这家客栈仍然在他家对面,只不过现如今已改头换面,不仅扩充了门面,而且在原有的中式元素中,添加了很多时尚元素。

当我们从门口径直步入庭院,发现那扇被保留下来的古门时,欣喜激动之情溢于言表。记得原先就是穿过这扇门而进入店堂的,

十多年前站在蓝印花布窗帘前的 Carol

身着蓝印花布床单的小模特 Carol

十多年前的"双蕊堂",现如今的"花间堂"

现如今这扇古门仅仅作为装饰而已。

整个下午，我们就坐在花间堂的餐厅里，看书、写作、喝茶、聊天……恍若昨日情景重现。

在这期间，吃饭的、住宿的宾客进进出出，络绎不绝。据说这里现在是周庄最有名、也是最好的客栈。Carol 说，当初她在网上预订周庄的客栈时，这家其实是她的首选，但因为这家客栈太火了，没有任何空房，才不得已转订了其他客栈，冥冥中似乎印证了我和女儿相似的喜好。

这次重回周庄，我们待了两天两夜。第三天一早离开周庄时，天色刚蒙蒙亮。清晨的周庄与夜晚的周庄一如往昔安静。

Carol 在微信上写道：

"几年来，老妈一年中唯一的长假——圣诞假期总是独自在上海度过。今年我终于挤出时间陪伴，带着她重走一遍周庄。

只希望你的世界永远如此宁静、纯粹！"

十多年前去周庄，那时候是我带着女儿去度假。有意思的是，十多年之后再回周庄，竟然是女儿带我一块儿去。

那年圣诞夜，还在北京读书的 Carol 突然空降上海，着实让我"吓了一大跳"。这是我在微信上写下的一段话，真实地记录了我那一刻的心声：

快有三四年没和女儿一块儿过圣诞了，要是今年……

亲爱的圣诞老人，难道你是真的听到了我在心里许下的心愿吗？

你真的是坐着圣诞飞船从北京将 Carol 带回上海的吗？

你真的是从烟囱爬下来，将 Carol 送到我面前的吗？

运动、动物、旅行与性格：让孩子勇敢飞翔，不惧挑战

无论如何，我是真的真的被这莫大的幸福"惊"到了！

谢谢圣诞老人，这礼物是您老人家给我的最大恩赐。

在 Carol 的提议下，圣诞节的第二天早上，我们便自驾去了周庄。

临行前一晚，我翻箱倒柜地找出了十多年前去周庄时拍的照片，跟 Carol 一起粗略地拟订了三个打算重走的地方，试图从中找回那些快要被淡忘了的记忆。这是 Carol 成年后我们母女俩的第一次旅行，因为这次旅行的美好从而开启了此后我们母女旅行的幸福模式。

2015 年春节前夕，我们母女踏上了去厦门和鼓浪屿的火车，开启了我们第一次跨年旅行。在厦门，我不仅走了比近几年加起来还要多的路，还坐上了公交车，甚至在那条最美马拉松跑道上骑上了久违的自行车。我们甚至在大年初一的晚上，在离钢琴博物馆不远处的鼓浪屿音乐厅听了一场家庭专场音乐会。

2016 年的小年夜，我们俩自驾 6 个多小时，就只为去一个被称为"中国最美民宿"的"过云山居"，看变幻莫测的天空和极致的云雾景色。在那儿，和住在酒店内的八户原本毫无交集的"云客"们过了一个别样的大年夜！

总有朋友问我："你们是怎么找到这么好、这么特别的一个个旅行地方？"

没有别的答案，唯一答案就是"用心"。

每次出行前，我们都会一起极其用心地选定旅行的目的地或旅行的方式。旅途中，我们会用心地听同一首歌、用同一个吹风机、吃同一锅菜、睡同一张床……

旅行让我们彼此更了解、更相爱。

第 6 章

职业培养：

26 岁，却已拥有一份长达 13 年的职场履历

很多年前，我曾送给女儿 Carol 一个麦克风，在电脑城买的，不到 100 元。当时送给她是希望能够帮助她克服胆怯、学会放松、学会表达。

后来，Carol 以专业第一的成绩，进入中国传媒大学主攻英语主播专业。临去北京前，我又送了个同样的麦克风给她。

毕业前夕，她同时收到了中央电视台英语频道和上海电视台外语频道的录用通知，在权衡了两者利弊与职业前景等诸多因素后，最终选择了上海电视台外语频道。

短短不到一年的时间，她很快地实现了她的梦想，当上了一名英语新闻主播。

每天站在镁光灯下的这份光鲜职业，并没有磨灭她追求更大平台与更大梦想的那颗不安分的心。

2017 年 8 月，Carol 做出了一个艰难的决定，正式向上海电视台领导递交了一份辞呈。她说，她希望能走出自己的舒适区，做一些"令我好奇、想做却没时间做的非主流的事儿"。

我个人认为 Carol 不做电视主播蛮可惜的，她天生就是一块做电视主播的料。但作为她最好的朋友，她做任何决定我都将毫无理由地支持，更何况这是一个有着大大梦想的女孩儿，我更没有理由去阻止她前行的脚步！

年龄最小的海外学生夏令营及国际社区志愿者

曾经有很多朋友问我，寒暑假孩子该怎么过？我常回答说，让他们去做志愿者，或者去做一份工作，这样做有很多好处，诸如让他们知道工作的意义，体会到帮助别人是一种快乐。

诚然，在学校读书，获得书本上的知识很重要；待在家里，在父母的保护下，规避掉一些危险和诱惑也没什么不好。但比在学校及在家更重要、更有益的是，通过亲身体验而得到的宝贵经历，以及在这个经历中所获得的众多技能。

12 岁那年，Carol 就被我送进自己的海外学生夏令营做志愿者，照顾比她没小多少的弟弟妹妹们。从那以后，她便没有了通常意义上的"暑假"，因为每年暑假，她不是去当志愿者，就是去实习。

在海外学生夏令营的那段经历，让她学到了职场最开始、最基本的几节课。

有一次，Carol 带着两个从美国来的六七岁的男孩去学校对面超市买东西，回来过马路时，她没有牵着他们的手，正巧被两位前

职业培养：26 岁，却已拥有一份长达 13 年的职场履历

Carol 与她的学生

Carol 指导她的学生

来接孩子的妈妈看见，于是就投诉到我这儿。

我很严肃地找 Carol 谈了一次。

当时 Carol 认为只不过就是穿过一条很窄的马路而已，没必要这么认真。但我跟她说这是关乎于责任的问题，这点对于做任何事情来讲都非常重要。

事后她曾回忆说，这一课让她学到了做任何事情一定要有责任感，而且要"细致、细致再细致，要细致到不行"。

继海外学生夏令营助教之后，课余时间，她跟随我在上海的一些国际性学校做了好多年的中国文化项目助教兼翻译。

15 岁时，Carol 开始在一个国际性社区做志愿者，帮助那些刚来到中国的朋友了解不同的文化，消除因不同文化带来的误解，并且帮助他们丰富在上海的生活。

2007 年特奥会期间，Carol 担任了社区志愿者。和那些特殊运动员朝夕相处的那些天，Carol 感触颇深。她这样写道："那些运动员们是特别的，因为他们是被上帝眷顾过的苹果，所以受上帝的青睐，但我不区别对待。我知道，只要你不带任何偏见地去帮助那些需要帮助的人,你会发觉他们对你的微笑是如此有意义。"

进入高中后,Carol 在国际性社区担任了中文家教和艺术老师,同时,每个周末她几乎都会去一家主日学校帮忙,整整一年。

她的学生中,既有孩子,也有妈妈。一直以来,她都和她的学生们保持了很好的关系。与此同时,她的这些美国、英国学生及妈妈们也教会了她很多东西。

在 Jenifer 家做托婴服务时,她不仅学会了如何与不同性格的男孩儿相处,而且还学会了如何事无巨细地照顾年事已高的狗。

在 Christina 那儿,她学会了如何照顾四个比她小的兄弟姐妹;在她家,她第一次学会了做意大利面,学会了帮婴儿换尿布。

在 Joanna 的家里,她不仅教 Joanna 的两个女儿学习中文,并由此涉及了数学、科学等更多学科领域的英语教学内容。后来 Joanna 竟然放心地让只有 16 岁的 Carol 一个人,带着她的 9 岁和 8 岁的两个女儿去英国参加为期十多天的夏令营。

回来后,在 Joanna 的引荐下,Carol 进了她先生的公司——大型娱乐公司新亚洲娱乐联盟集团做媒体宣传。

Carol 在国际性社区担任教师

职业培养:26 岁,却已拥有一份长达 13 年的职场履历

这些经历都为 Carol 之后的工作打下了坚实的基础。在她 19 岁时撰写的一篇《旅程》中，曾描述过那些年的感受。

她说："我教过的孩子们总是叫我 Carol 老师，但我却感觉从这些小精灵身上，我学会了许多。"

的确，她从中学会了耐心、专注，分享快乐、吸引他人注意；也学会了与人交往、责任、独立处理与应对突发事件；更是从中学会了服从与遵守、帮助与奉献、创意与实践，同时建立了一套自我信心与赏识机制。当然，还从一些失败教训中获得了一种学习能力。所有这些都是她在学校或家里无法学到与获得的。

"所以，我要感谢他们所有人教会我的每一课！" Carol 如是说。

在国际学校独立上课的高中生

1. 间隔年的艰难决定

高二下半学期，Carol 被查出患了甲亢。根据医生的说法，这种病的起因往往是压力过大。

经过几个夜晚的深思熟虑，我决定让 Carol 暂时休学，并选择了间隔年这种方式。

间隔年这个概念来源于西方国家，这是高中生在毕业后及进入大学前这段时间内，或旅行，或工作，通过亲身体验来了解、步入社会的一种学习与生活方式。

不过，在十年前，间隔年的概念在国内还很陌生，所以这项决策在当时几乎没人认同，甚至 Carol 的父亲和我的一些外国朋友也持反对意见。

尽管我也曾有过担忧，但最终还是顶住了来自外界以及自身的心理压力。

我认为，每个孩子的思维特征，包括学习方式与特点都可能有所不同。有的是视觉型的，有的是听觉型的，有的是读书型的，还有的是实践型的。Carol 就是属于那种实践学习思维的人，从小到大，她都比较擅长通过大量的实践操作过程来获得知识，这也就是她不喜欢传统学校的原因。

这种差异无所谓高与低，也无所谓好与坏。有时候看似一个非典型的事例，但在某个特定思维特征的人群中可能就会成为一种非常典型性的适用方式或途径，就像盖茨和扎克伯格的成功与他们早年的"退学"经历有其内在的必然联系，但并不是他们成功的唯一因素。

就这点而言，学校教育并非是适用于所有人的唯一成才途径或方式。

正是因为充分认识到这一点，我才有理由来说服自己最终坚持让 Carol 选择走间隔年这条充满着荆棘与未知之路。

2. 在国际学校独立上课的高中生

间隔年的第一年，Carol 每天都跟随我在上海的一些国际性学校及国际社区开设中国文化与民间手工艺课程。

她不仅要在课前帮助做许多琐碎的准备工作,上课时还需要耐心细致地辅助老师翻译、沟通,并协助学生完成课程内容,同时课后仍需做一些诸如清扫场地等收尾工作。

每当我们举办大型活动时,常会聘用一些上海外国语大学的学生来做兼职。Carol自然就成为他们的"领头羊",由此很好地激发了她组织管理的欲望与潜能。

所有这些细枝末节,都让她真正地介入并了解到一个正式的工作流程是如何有计划地进行与展开的,在工作过程中应如何持有积极应对的态度。

她学会了篆刻、印染、灯笼制作、古籍装帧等课程内容。在课程与活动中因大量运用英语,与外国人面对面的交流与沟通,这为她的语言提供了练习机会。

最重要的是,这些中国文化与手工艺课程及活动,赋予了她不

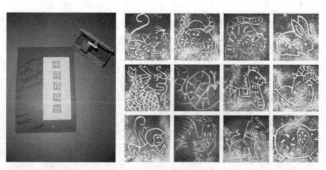

Carol 的篆刻作品·石章　　Carol 的篆刻作品·十二生肖(橡皮章)

Carol 的印染作品　　Carol 的兵马俑作品·皇帝

可多得的国学与美学底蕴，包括动手能力，对色彩的敏感度及对画结构的把握程度。

经过长时间的细致考察，我开始有意识地让 Carol 独自用英语上课。孩子们喜欢她是自然的，而且连很多国际性学校的老师们都误以为她是师范科班出身。当得知她只是一个连高中都还没毕业的学生时，几乎无一例外地都被她富有逻辑性的讲课思路及清晰表达所折服。

直到今天，我都很庆幸自己所做出的那个决定，感恩间隔年让 Carol 迅速成长，也让我们母女俩能够有这样一段在一起工作、生活，如此紧密与亲密的日子。

我们彼此磨合了解、彼此交互渗透，我想这也可能是我们母女俩一直能保持良好朋友关系的一个基础。

职业培养：26 岁，却已拥有一份长达 13 年的职场履历

Carol 为世博会荷兰馆志愿者上课

17 岁的生日派对联合创始人

Sol，一位阿根廷裔美国人，Carol 视她为贵人与伯乐。Carol 教她大女儿中文。

有一天上完课，Sol 和 Carol 聊天。

Sol 说，现在上海做境外儿童生日派对的市场需求很大，但做得好的却没几家。她问 Carol，有没有兴趣和她一起做？

"当然！"Carol 欣然答应。

就这样一拍即合，一个为上海外籍家庭孩子组织、策划生日派对的品牌——Party Smarty 就此诞生！

这是一对配合度极高的合伙人：Sol 负责品牌推广与运营，而 Carol 则负责派对内容及现场主持。

短短一年间，她们总共举办了不下 80 场的生日派对，几乎每周一场。派对内容以讲故事为主，加上一些木偶戏，还有各式各样的表演与游戏，等等，深受境外孩子及其家长的喜爱。

每次派对结束时，孩子们总会问 Carol："派对结束了吗？我

Party Smarty 商标

们可以重新再玩一次吗?"家长们也总会说:"派对筹办得很棒,孩子们都很喜欢!"

整个派对基本上由 Carol 全程用英语主持。她不仅要掌控舞台,还要掌控整个现场的气氛调动。也就是从那时候起,Carol 的主持功力被慢慢地激发培养起来了。尤其是在给孩子们讲英文故事这个环节,无形中成了 Carol 主持处女秀的舞台。

在这之前,可以说完全没有想到过 Carol 会从事新闻主播这份职业,也完全没有料想到这段经历竟然挖掘并激发出 Carol 的绘画潜能。

每一次派对前,Carol 都要亲手画一本又大又宽的故事书。这一本本硕大的故事书,让从未学过画画的 Carol 突然有了一种专业画师的小小骄傲与满足。

Carol 和 Sol 在生日派对上

职业培养:26 岁,却已拥有一份长达 13 年的职场履历

此外，让 Carol 特别引以为傲的一件事就是每场派对下来，她都可以获得四位数的报酬，这是她靠自己赚来的人生第一桶金。

如果说四位数的报酬让 Carol 第一次尝到了创业的甜头，那么，怎么跟合伙人合作则是刚 17 岁还没完全走上社会的 Carol 所学到的最重要的一课。

Sol 是个阿根廷人。或许是南美洲人的天性使然吧，其性格特别热情，有时候甚至有些过度。作为一个极其强势的合伙人，在合作中最让 Carol 受不了的是 Sol 的暴脾气和性格。

有一次她几乎是哭着跑回家，她说她再也不想跟 Sol 继续合作了。

Carol 画的第一本手绘英文故事书
How Does a Dinosaur Say Good Night 的封面

Carol 手绘英文故事书
Fun With Spot 的封面

Carol 手绘英文故事书 The Best Easter Eggs 的内页

Carol 手绘英文故事书 It's lovely when you smile 的内页

我跟她说："如果你都能够跟 Sol 这样性格的人合作，那将来你还会有谁不能合作的呢！"

无论如何，Party Smarty 让 Carol 真正懂得了一个品牌从创办到日常经营管理的全部过程，以及一个派对从前期准备到主持的完整流程，同时也让 Carol 学会与各种不同性格的人相处及打交道。

Carol 说，Party Smarty 教会了我"不要惧怕梦想"，也教会了我"今日事今日毕"。

年龄最小的实习生

2010 年 6 月底，Carol 接到一个电话，她被一家美国咨询公司破例接收为旗下年龄最小的一名正式实习生，那是她踏入间隔年的第二年，这是值得庆贺的一天。

作为该公司活动部门的实习生，Carol 每天的工作既繁忙又琐碎：安排贵宾的航班、住宿、接送、用餐；制订报销申请表、计划、预算、活动流程；与客户沟通、与贵宾沟通、与同事沟通……所有这些让 Carol 学到了如何使工作变得有效率，如何让自己迅速变得职业化，同时也变得越来越健谈。

尤其是 2010 年上海世博会期间，她几乎参与了所有与世博会有关的项目。她说："对我而言，参与世博会'现场活动支持'这份工作，既是一份挑战，也是一项奖励，更是一次冒险旅程。"

Richard 是她在这家公司所遇到的人生中的又一位贵人。

职业培养：26 岁，却已拥有一份长达 13 年的职场履历

Carol担任世博会志愿者

作为公司老总，Richard极其赏识Carol，他极力将她推荐给了海外项目部。

此后，Carol便跟随通用、捷豹路虎等一些大品牌，前往英国、法国等地参与一些短期工作项目。她的主要工作就是去到各个不同的国家，帮他们做各种有意思的活动，并且保证他们的会议能够顺利进行。

从2008年到2010年，这是Carol极为丰富且硕果累累的一段时间。

这期间，除了工作，她还参加了由上海外语频道（ICS）主办的英语歌唱大赛。

比赛中，风格迥异的英语联唱、开放自然的台风、与众不同的开场白以及标准的美式口音吸引了歌赛的评委们，尤其是上海外语频道的戈攻老师。戈攻老师随后将她带到了上海交大，让她在现场面对面地向大学生们传授自己学习英语的一些秘诀。

看起来，似乎所有机会都在向她招手。

此时，Carol 自己却做出了一个重大决定：重返学校读高三，参加高考，向大学冲刺！

我和她都明白，这个决定对她意味着什么，意味着清零与重新开始，意味着她可能将面临心理上的极大落差，意味着前面将会有更大的挑战与困难，意味着她每天将穿上她最不喜欢穿的校服……

不过这一次，我并不担心。因为如今的 Carol 已不再是两年前的 Carol，她已经有了明确的职业目标与方向，她已然是一个更为笃定且更为乐观的女孩儿了！

每年两次背上行囊，边工作边旅行

1. 背起行囊，边工作边旅行

对 Carol 而言，每年的 5 月和 6 月都是她特别兴奋的月份。每到这个时候，她就会独自背起行囊，去一个国家边工作边旅行。这似乎已经成了她的一种习惯，或者说是她的一种新的生活方式。

Carol 在间隔年的第二年，通过面试在一家美国咨询公司实习，此后因工作出色而受邀于每年的 5 月和 6 月赴海外参加一个短期工作项目。

大学四年期间，她跟随这个项目去过了英国的伦敦、法国的巴黎、土耳其的伊斯坦布尔、西班牙的巴塞罗那、美国的旧金山及夏威夷等地。

更这种边工作边旅行的难得经历，不仅让她从学生时代就开始逐步增强了独立处理各类事情及解决问题的能力，也丰富了她在海外的工作经验及生活阅历，而且还因此结识了众多的国内外朋友。

更为幸运的是，这份工作让 Carol 由此而获得了去海外"免费旅行"的宝贵机会，并通过自食其力，赚取了自己在大学四年中的全部学费。

2012 年 5 月 Carol 在法国巴黎

2013 年 5 月 Carol
在土耳其伊斯坦布尔

2013 年 6 月 Carol
在美国夏威夷

2014 年 5 月 Carol 在英国伦敦

2014 年 6 月 Carol 在西班牙巴塞罗那

2015 年 5 月 Carol 在美国旧金山

2016 年 5 月 Carol 在西班牙巴塞罗那

2. 2015 之美国行

从 2012 年到 2014 年，Carol 跟随这个海外工作项目虽然已经去过了英国、法国、土耳其、西班牙、夏威夷群岛等地，但似乎总是与美国本土擦肩而过，令她颇感遗憾。

终于，2015 年 5 月——Carol 毕业前夕，一次为期三周左右的工作旅行——洛杉矶、旧金山、纽约及华盛顿 4 个城市之行，圆了她梦寐以求许久的一个"美国梦"！

从洛杉矶到旧金山，Carol 开始了为期一个多星期的工作之旅，先是在著名的渡轮大厦市场，身着奇装异服，彻彻底底地玩味了一把旧金山 20 世纪 60 年代嬉皮士的狂野。然后在位居"世界十佳激情赛道"第一的索诺玛赛道上过了把赛车瘾，上演了一出《速度与激情》戏。继而又在旧金山市政府，担纲主持了通用汽车公司的各类活动及晚宴，备受关注与青睐。

总之，这既是她忙碌的一周，也是充满了刺激、创意及喜悦的一周！

一次坐公车来回 10 小时的旅行

2015 年的 5 月 12 日，美国发生了一起火车脱轨事件，一列从华盛顿开往纽约的客运火车因时速过快，结果在费城意外脱轨。该事件导致纽约到华盛顿的火车暂停运营。

为此，Carol 在私信中告知，原定去华盛顿的采访计划取消。

可没想到的是，后来她用了来回 10 小时的时间，坐公车去了趟华盛顿。

在华盛顿逗留的短短几小时内，她去了中央电视台美国总部。遗憾的是因当时正值假期，所以并未见到她心仪许久的几位主播，不过这期间与华盛顿方制片及目前就任央视白宫首席记者师兄的见面，还有当时自己在主播台上的留影都让她兴奋不已。

此外，她还参观了白宫及华盛顿纪念碑，同时去了乔治敦大学，华盛顿给她留下了深刻印象。她在微信上留言说："I love DC! More than NYC actually."（事实上与纽约相比，我更爱华盛顿。）

遗憾缺席 NYU 毕业典礼

Carol 去纽约的最初原因，是因为受中央电视台 *Biz Asia*（财经亚洲）资深外籍记者 Martina 的盛情邀请，参加她在纽约大学的毕业典礼。

Martina 是 Carol 在中央电视台实习期间的带教导师。她风趣、

Carol 与 Martina

优雅的谈吐与学识,不仅在专业上给了 Carol 很大帮助,也让她俩成了一对情同姐妹的亲密朋友。

可不巧的是,在洛杉矶时,Carol 意外得知其毕业论文答辩时间与 Martina 的毕业典礼恰巧在同一天,而且这是论文答辩的最后期限,无法改期,所以最后只能缩短原定行程,抱憾提前赶回北京。

遇见 NBC

大学二年级时,作为专业上镜课的作业,Carol 曾模仿过 NBC(美国全国广播公司)早间新闻节目 *Today Show*(今日秀)主播 Matt Lauer。

这次去纽约,在 Martina 的引见下,她幸运地见到了她曾经的模仿对象 Matt Lauer。更幸运的是,在此前旧金山的一次工作晚宴

Carol 与 Pete DeMeo 同台主持

职业培养:26 岁,却已拥有一份长达 13 年的职场履历

中她曾与 NBC *Today Show* 的 Pete DeMeo 同台主持。Pete DeMeo 曾两次获艾美奖提名。

3. 2016 之重归巴塞罗那

故地重游

2016 年 5 月，Carol 又去了趟西班牙的巴塞罗那。这已经是她第二次去巴塞罗那了。

第一次是 2014 年 6 月跟随捷豹路虎公司一同去的，这次则是随同"老东家"——通用公司一起去的。

这次重归巴塞罗那，安排住的是同一家酒店，连工作团队也几乎是原班人马，再加上很多景点都是故地重游，因而让 Carol 有了

Carol 镜头中的"雨中即景"

Carol 镜头中的"晴朗天空"

一种恰似时光倒流的感觉。

Carol 镜头中的巴塞罗那

因为这次是第二次去,对周遭的环境及其工作流程都比较熟悉了,因而就比上次去时多了一份悠闲,于是也就有了雨中漫步及感悟阳光这样的几分闲情逸致。

在巴塞罗那的那段日子几乎天天下雨,直到临离别时才见到了难得的一日阳光。

在巴萨主场主持

和 2014 年那次一样,开场宴及结束晚宴均由 Carol 主持。

职业培养:26 岁,却已拥有一份长达 13 年的职场履历

2014年6月在诺坎普——巴萨主场主持

2014年晚宴被安排在了诺坎普——巴萨主场内，整个场地被主办方包了下来。据 Carol 回忆说，当时面对如此之大的一个场地，而且又是自己不太擅长的中文主持，所以主持时的那份紧张也就在所难免了。

不过，因为有了往年的历练，以及在上海外语频道播音主持的工作经历，她的中英文主持则显得更为笃定自如、游刃有余。

那次重归巴塞罗那，是 Carol 随"老东家"——通用公司的最后一次工作旅行。

在接 Carol 从浦东国际机场赶往浦西的路上，她略带伤感地回忆起了彼此离别时的场景，其中她在晚宴上所说的那句结束语，至今都让我为之动容，唏嘘不已："Amigo，Hasta Pronto. 朋友们，我们很快再见！"

2016年主持之场景

五年间，七次海外短期旅行带给 Carol 的经验是无法估量的，这些职场经验让她提前从职场新人变成职场老人。

2017 年 11 月我生日那天，在乌镇的一家火锅店，Carol 特别跟我说起了一次发生在土耳其伊斯坦布尔的故事。

那时候通用公司的大老板对 Carol 极为赞赏。一天晚上特意带着她一同去看望来自世界各地通用公司的经理人。第二天，Carol 自认为自己已经跟这位大老板很熟了，便用开玩笑的口吻跟他提及昨晚内部开会时的一件事儿。大老板听后立刻警觉到，Carol 还是个孩子，在人际关系的处理上还不知道怎样来把握好这个度。

自此之后，Carol 在职场上常常会用这个教训来提醒自己。

教训往往来源于犯错，我想它们或许比职场上曾经获得的成绩更让 Carol 记忆犹新。

所有的创意教育都是为了她未来的自我绽放

2011 年，Carol 以自主招生考试第一名的成绩顺利进入中国传媒大学，主修英语主播专业。

从进入大学后的第一年起，Carol 每年暑假都在上海电视台外语频道新闻部实习，随后又相继进入 CNN（美国有线电视新闻国际公司）北京分社和中央电视台英语新闻频道做实习生。在这期间，她潜心研究一些最基本的媒体知识。

从文化新闻组、财经新闻组到新媒体组，Carol 在央视英语新闻频道的前后一年间学到了很多。

在普遍性概念中，往往在临近毕业的最后一年才开始实习，而Carol却在她大学四年的时间都花在了实习上，以至于那些主编们每次实习结束时最常问的问题就是"你什么时候可以来这里正式开始工作"。

连续四年在媒体一线坚持不懈的实习经历，让Carol在专业上获得了足够的实战经验，再加上她做媒体之前的一些经历，所有这些为她之后的工作打下基础。

进上海外语频道工作后，在短短不到一年时间内，Carol很快就实现了她的梦想，成了一名电视英语新闻主播和记者，并相继拥有了两档集采、编、播为一身的新闻栏目 *Big Buzz* 和 *In Touch*。

以下这段文字是我2015年6月份在Carol《财经新闻》荧屏录播首秀时发在微信上的一段随感：

虽然尚未毕业，离7月正式入职还有半个月时间，女儿Carol却已被台领导破例要求上镜主持财经节目。7月开始，她将在每天8点及11点，现场直播连线中央电视台华盛顿总部《全球财经》，报道国内财经新闻。

然而，无限风光镜头的后面，我看到的则是女儿在这短短半个月内所付出的极大艰辛与努力。每天早上8点左右进电视台，然后踩着时间点，为7月的海外连线练习写稿；下午还要编播几条当日的英语晚新闻，有时候还要外出采访；晚上9点左右工作结束后回到家，还要根据海外连线制片人给出的话题，撰写第二天一早的直播新闻稿……一天下来，几乎没有片刻休息时间。

而且，对财经完全是门外汉的女儿而言，做一名从选题、写稿到直播全包的财经连线记者的确是个不小挑战，这期间有着旁人想象不到的压力与努力。不过，就这样她咬紧牙关，一点一滴地挺了过来！我虽然很是心疼，但更多的则是为之而感到欣慰与骄傲！

工作之后的 Carol 已经完全独立。作为妈妈，此时此刻，我更多的是作为旁观者，中立、客观地讲述她的成长故事，分享她的成功喜悦，无声地替她分担一些压力，远远地欣赏、理解与支持她。可以说，前面所有的创意教育都是为了此时她的自我绽放！

Carol 第一次与中央电视台北京直播连线中　　Carol 第一次与中央电视台美国总部两位资深主播直播连线中

职业培养：26 岁，却已拥有一份长达 13 年的职场履历

后　记

破茧成蝶

　　2017年春节前夕，我同时报名参加了"简书——铃铛子简笔画训练营"以及"我在简书过鸡年"15天日更活动。

　　每天画一幅画、写一篇文章构成了我过年前后那些天生活中的主要内容。虽然因此而显得有些"忙乱"，但还蛮享受那种"忙乱"节奏的。

　　以前，看老师们在简书上日更写作，就已经很是佩服，如今自己试过之后，更是感觉"日更"其实并不是件容易事，其难度甚至超过了我坚持长跑几十年的难度。

　　起初最令我苦思冥想的，可能就是如何定夺写作话题与画画内容了。不过写着写着、画着画着，你会发现，其实所有的创作灵感与素材皆来自于你的生活、你的思考，还有你的爱。

　　从6岁就开始学弹钢琴，曾有过长达二十多年练琴岁月的我，深谙"熟能生巧"之道理：即使你再有艺术天赋，也同样需要一个坚持勤奋、有效的练习过程，才能让自己具备一定的艺术表达技巧。

王佩老师曾经说过："写作是对写作最好、最大的回报！"我想，我深切地感受到了这句话的真正含义，以及它所带给我的极大快乐与满足！

那个持续了15天的"日更"活动，原本可以就此打住的我，却像是被什么魔力牵引似的，并未停止脚步，而是从又一个15天到30天，周而复始，从此开始了我的"日更"之路，到今天正好343天时间，距离一年还差22天，恰好经过了冬、春、夏、秋四季之交替。

迄今为止，我在简书上共计日更375篇，分别涉及手绘、旅行、美食、音乐、电影、家庭育儿、两性关系等诸多专题内容，其中更是包括了我的第一部短篇小说《老房子里的故事——一个红木雕花盒子的秘密》第一季。

在这期间我也曾想过将这些文字整理出书，但说实话只是想想而已，并未真正落实到行动上。

Rainbow 手绘作品

所以，当简书版权中心的刘庆余老师和机械工业出版社的姚越华老师同时向我发出邀约时，我才意识到这并非是个梦，而是一个真的可以努力去实现的可行目标。

很幸运遇上了简书出版中心成立这样一个大好时机，更庆幸遇到了像刘老师与姚老师这么好的伯乐与领路人。没有他们，出版一本纸书或许对我而言可能还只是停留在一个简单想法或口头说说而已。

终于，2017年11月7日，我生日过后第5天，坐在简书的大露台上，我在出版合同上签上了我自己的名字！

俗话说，万事开头难。惊喜与兴奋过后，当开始投入到写书过程时才明白，这并不是那么容易的一件事儿。我就像是一个从头学起的小学生，从一个精彩、吸引眼球的目录开始写起，到凸显独特风格的样章，姚老师几乎手把手地教，用心程度就差帮我直接写稿了。

就这样，从一种挤牙膏似地拼命挤出一个又一个字的无感状态，到写得不好，无情地推翻重写、再推翻重写的迷茫摸索，最后，一

Rainbow 手绘作品

Rainbow 手绘作品

个既感动自己又感动读者、令人"酣畅淋漓"的小宇宙终于爆发了出来……

这是一个痛并快乐的梳理、总结过程,又是一个让自己疾速进步、提升的机会。

12月18日的傍晚,我在电脑上敲下了这本书最后章节中的最后一句话,按下发送键,将这份"完整初稿"发送了出去。

随后便是忐忑不安地等待,直到姚老师发来的那句"非常出色",悬着的心终于放了下来。

近乎九十天的时间,在那段写书的日子,加上每天更新,白天夜晚连轴转,一副"人不人,鬼不鬼"的样子,直到完成初稿的那个夜晚,才美美地睡上了一个完整的觉,几乎整整一天,感觉还没睡醒。

现在,你所看到的《每个妈妈都是创意家》这本书共有六章,每章讲述的几乎都是我和Carol以前的故事。我想,作为读者的你一定更想听听若干年后,我们的生活是什么样的。

所以我会在每章的开始呈现我们现在的创意生活,然后通过倒

Rainbow 手绘作品

叙的方式带你走进我们的过去，将过去与今天联结起来。

本书所涉及的范围很广，几乎涵盖了我们生活中的每个细微之处，比如烹饪、运动、旅行、音乐、绘本、宠物等。其实妈妈的教育创意不仅仅局限在写作或相处等某些方面，而是体现在生活的各个方面。希望读完这本书，你看到的是一个真实、立体、丰富的我和 Carol。

"倘若问你：最崇拜的人是谁？想必很多人都会说是自己的妈妈。我也会如此坚决地回答。我对 Rainbow 的崇拜并不只是来自于她的古灵精怪、有想法、有担当，也不只源自于她对我一贯的保护与呵护，最重要的是，无论我在人生这条路上做出怎样（愚蠢）的抉择，她始终跟我一起并肩战斗。"

"不是每一位设计师都能掌握失控的状态。我崇拜 Rainbow 是因为她作为我人生这幅画作的资深设计师之一，敢于提笔在纸上点墨作画，也完全尊重笔墨自然晕开的方向。在我看来，这便是一位伟大的艺术家，一位难得的好妈妈。"

这两段文字出自 Carol 为我这本书作的序，很可惜没写完，但寥寥数笔，却道出了我和她二十多年来作为朋友、姐妹与母女之间的故事精髓。

虽然这本书讲述的是我和 Carol 之间的故事，但是在书中，我和 Carol 又是作为两个相对独立的个体而存在，我的身份既是一位妈妈，但更是我自己。正如本书的名字《每个妈妈都是创意家》，妈妈的创意不可能完全脱离她的生活本身而独立存在，而是建立在她自己真实的生活轨迹之上的。

因为任何创意都不是一成不变的，是有生命力的。而且，因为对象、年代等诸多因素的不同，创意往往也将随之而变化。至于如何变化，我想这将会是每个妈妈展现出自己独有技巧与智慧的大好时机。

希望看到你的独特创意！这便是本书的最大用意。